妻より長生きしてしまいまして。

金はないが暇はある、老人ひとり愉快に暮らす

ぺこりーの

大和書房

はじめに

ようやく妻が死んでくれた、ついに自由を手に入れた

先に死んだのが妻でよかった

ようやく私に自由な時間ができた。

30年以上、どこに行くのもいつも妻と一緒だった。

妻は出かける前の化粧や洋服選びに時間がかかるし、買い物の時間は長いし、荷物は持たされるしで、本当に一緒に出かけるのが億劫《おっくう》だった。

でも、これからはひとりでどこへでも行けるのだ。

まず何をしたいか？

そうだ、妻が生前に溜め込んだ服や食器を捨てよう！

まとめてゴミ袋に入れて、業者にでも引き取ってもらえばいいか。

気に入らなかったアジアン風の籐《とう》のベッドも、食器棚も本棚も全部捨てる！

50枚近くある犬の服も、こんなにはいらない。元々うちの犬は、服を着るのが嫌いなのだ。

これまで妻がうるさいから行けなかった友だちとの飲み会も、「毎晩でも付き合うよ」と友人たちにＬＩＮＥしとこう！

そうそう。

歌舞伎《かぶき》町のキャバクラのあみちゃんにも、もう堂々とLINEできるのだ。

LINEの通知音も消さなくていいし、男の名前で登録しておく必要もなし！

ハァ～、気が楽だわ～。

家でパーティーを開いてもいいな。

友人も知り合いのお姉ちゃんたちも呼んで、どんちゃん騒ぎをしよう！

散らかしても妻に怒られることはもうない。

う～む。

遊ぶにも体力が必要だな。

そうだ！

ジムにでも行くか！

また体を絞って筋肉をつけて、ジムの若いヨガの先生と仲良くなるのもいい。

ふたりでセブ島あたりに行って、ビーチヨガを楽しむ！

夕日が海に沈む頃になると、ビーチのテラス席でカラフルなカクテルにストローを2本さして、ふたりで見つめ合って一緒に飲むのだ。

「私、ちょっと酔ったみたい……」と彼女。

私は鍛え上げた腕で彼女を難なくお姫様抱っこ。そのままホテルの部屋へと連れて帰る。

天国とはこの世にあったのか!!

たしかに妻は死んだ

私よりも先に妻は死んでしまった。

私が先に逝《い》くはずだったのに、現実は逆だった。

そして、妻が先に死んだからといって、冒頭に書いたようにはならなかった。

なぜならなかったのだ?

自由を手に入れ、ひとり暮らしを満喫し、新しい彼女でもつくって、優雅に海外にでも遊びにいけばいい。

なぜそうしない。

現実は、未だ喪失感《そうしつ》に苛《さいな》まれ、ただ無為《むい》に4年の時を過ごしただけ。

LINEに友人からメールが来ても、既読スルー。キャバクラのお姉ちゃんはブロックした。

五十肩でお姫様抱っこなんか到底無理!

ひとりでは焼肉屋にすら入れない。

パーティーどころか、今日もせっせと自炊して、ひとりで侘《わび》しく「金麦《きんむぎ》」を飲むだけ。

それが現実だ。

情けないのは男

『婦人公論』（中央公論新社）という雑誌に「読者体験手記」というコーナーがある。

そのコーナーで、76歳の女性の手記が掲載《けいさい》されていた。

その手記のタイトルは、

「夫が先に逝ったなら、やっと私の人生がきたと叫びたい」。

その手記がたいへん面白かった。

夫が先に死んだ場合と妻が先に死んだ場合とでは、こうも違うものなのかと正直驚いた。あまりにも自分の場合とは違う。

それで冒頭のようなことを書いてみたのだ。

妻は夫の死後、自分の人生を楽しむべくいきいきと暮らしていくけど、しかし妻に先立たれた夫はそうはいかない。

そのいいサンプルが私だ。

つくづく男はダメな生き物だと、あらためて思う。

夫婦だって人間だ。

たまには「死んでしまえ」と思うこともあるだろう。しかし、死んでしまってはもう喧《けん》嘩《か》もできない。

たとえどんな夫婦だろうが、長年一緒に人生を歩いてきたパートナーが死ぬということは、言葉にできないほどの喪失感であり、耐え難いものだ。

この本を読んでいるあなたに、今気づいてほしい。

あなたの夫が、あるいは妻が、恋人が、もしも元気で生きてくれているなら、あなたはそれだけで幸せ者だということを。

しかし、そのことになかなか気づけないのも人間ではあるが……。

今日も夫婦で一緒に飯が食える。

ひとり残されると、そんななんでもない日常のことばかりが思い出されて仕方がない。

あれが幸せだったんだと、死なれてから気づく。

いつかあなたもそう思う日がきっとくる。

だから今は、お互いを大切にしてほしい。

そして、ふたりで「退屈《たいくつ》だね」と言いながら、長い老後を過ごしてほしい。

2024年4月　**ぺこりーの**

目次

第2章　築40年ボロマンションを城にする

第3章

年金11万円で人生を楽しむ

第4章

老後は小さく豊かに暮らす

第5章

夫婦について

おわりに

第1章

男の台所は秘密基地

男の台所は秘密基地

私がいる台所

「キッチン」じゃないんだな。やっぱ「台所」って呼ぶのが、おっさんにはふさわしい気がする。

私はいつも台所から2歩の距離に置いてある食卓兼仕事机で仕事をしているから、一日の大半を、このたった2歩の空間で過ごしていることになる。

当然、長時間いる空間だから、できるだけ快適でなければならない。

さらに付け加えると、台所とテーブルのちょうど中間にトイレがあるもんだから、正直私は、毎月11万円の家賃をこの2歩のために払っていると言っても過言ではない。

仕事をする。

仕事と言っても、今はYouTubeの動画を作るのが仕事のようなもの。

そして腹が減ると、台所まで2歩遠征《えんせい》してご飯を作る。

ご飯を食べて満腹になると、今度はトイレに行きたくなる。

台所から1歩ほどテーブル側に戻ると、そこがもうトイレのドアだ。

リカちゃんハウスか！

築40年のボロマンションの台所は、どう飾ろうともおしゃれにはならない。

まあ、女子のVlog（ブイログ）に出てくるようなキラキラしたキッチンにしたいわけじゃないから、自分なりに使い勝手のいい台所になるよう、いろいろと試行錯誤《しこうさくご》した。

その結果が今の状態であるが、もうこれで自分的には台所として仕上がっていると思っている。

キッチンに限らずだが、古いマンションなり賃貸物件はすべからく収納が少ない。

そしてコンセントも少ない。

さらに天井が、ワケのわからない幾何学模《きかがくも》様《よう》の柄になっている。

天井に柄がいるかな？

料理をしない人にとっては台所の使い勝手などどうでもいいことだろうが、これまで何度引っ越ししたかわからないほど賃貸好きの私にしてみれば、台所こそがその物件に住むことを決定づける大きな要素であることは間違いない。

妻がいた台所

亡くなった妻も料理が得意で、本当に美味《おい》しい料理をたくさん作ってくれた。

気づけば、妻はいつも台所に立っていたように思う。

短い人生の大半を妻は台所で過ごしたのだ。

私の健康ばかりを気遣いながら……。

そして、今は私が妻の代わりに台所に立っている。妻が教えてくれたたくさんのレシピや、使い込まれた調理道具たちとともに。今度は、私が私の健康のために、せっせとこの台所で料理をするのだ。

早いもので、あれから7年という月日が経った。狭い台所は、いつの間にか私の秘密基地のようになっている。

しかもなんの間違いか、今や私は「ユーチューバー」と呼ばれるようになってしまった。それも料理ばかりを作るユーチューバーだ。

妻よ。

今や私までもが、人生の大半をこの台所で過ごすことになったんだよ。

いつか私が天国に行って君に再会したなら、長い時間をかけて話してあげよう。

君のレシピが美味しかったこととか。

君の知らない料理を作れるようになったこととか。

今までで一番美味しいご飯は、ふたりで食べたご飯だったこととか。

今日も台所から朝が始まる

夜明けとともに開放されていく心

ここ2、3年のことだが、私は毎日朝が来ると、なぜか心がワクワクする。何にワクワクしているのかわからないが、これまではいろんなものに縛られながら生きていたのだと思う。

しかし年齢とともにその呪縛《じゅばく》が解け、責任という重い荷物を下ろし、ありあまる時間を自由に使うことができるということを、最近になって実感できるようになった。

まだ夜が明けきらない早朝。

いつものように目が覚めると、ぼやけた網《もう》膜《まく》のピントを合わせながら、まず台所へと向かう。

冷蔵庫を開け、一杯の冷えた水を飲む。

地球はまだ寝ている。

コーヒーを淹《い》れる準備をしながら、今日は何をしようかと考える。

ひとりっきりの老後は何をしてもいいのだ。

今日も明日もずっと私は自由……。

心が開放されている実感。

この朝のスタートに、私はとてもワクワクする。そのワクワク感が好きだ。

今日の私はなんでもできると考えるだけで

楽しい！

仕事のことなんか何も考えなくていい。京王線の運行状況のことも、今日の東京の天気のことも、ワイシャツのシワのことも、老後にはすべてがもうどうでもいい。

老後しか勝たん！

ふらりと映画を観にいってもいいし、ちょっと遠出して見知らぬ街に行ってみるのも面白いだろう。

初めての街には、私が好きそうなお店がたくさん並んでいるのだ。

昼間っからどこかで冷えたビールでも飲むか！

いや、朝から飲む！

旅の計画を練るのもいい。

ようやくどこへでも行けるようになったから、真っ先に行きたい場所を探しておきたい。

私が今一番行きたいのは台湾だ。徳島の阿《あ》波踊《わおど》りもライブで見てみたいな〜。

こうやってワクワクの朝はスタートする。

グリルでパンを焼き始めると、パンの匂いを嗅《か》ぎつけたゆいまるくんがおもむろに台所へと現れる。

すっかり老犬になったお前もまた自由だな。

ゆいまるくんは、歳はとったがまだ子犬の顔をしている。

犬はずるいな。

起き抜けのいつもの腰痛も、お前がまだ生きている証《あかし》だと教えてくれている。

深呼吸するだけで消えてしまいそうなささやかな毎朝の幸福感。

コーヒーの香りがまとわりついて、今朝はいっそう気分がいい。

しかし……、

夕方になってみると結局どこへも行かず、何もせず、いつものようにたったひとりで一日を終える。

それをただ繰り返すだけの日々。

でも、それでいい。

私には自由な一日であったことが大事なことであり、何もしなかったことも自由の選択の結果なのだ。

何もしない自由。

孤独の代わりに手に入れた自由は、誰もいない放課後の校庭で「好きに遊んでいいよ」と言われているようだ。

広い校庭を前にワクワクするが、結局ひとりでする遊びなんて何も知らない。

そして今日も、早く家に帰れとチャイムが鳴る。

老後のおひとりさまご飯

今日の朝食は、ホットサンドと味噌味の野菜チャウダー。

ただの味噌汁じゃねえか？

お気に入りのビタントニオのホットサンドベーカー。これで焼くと、パンにきれいなストライプができる。

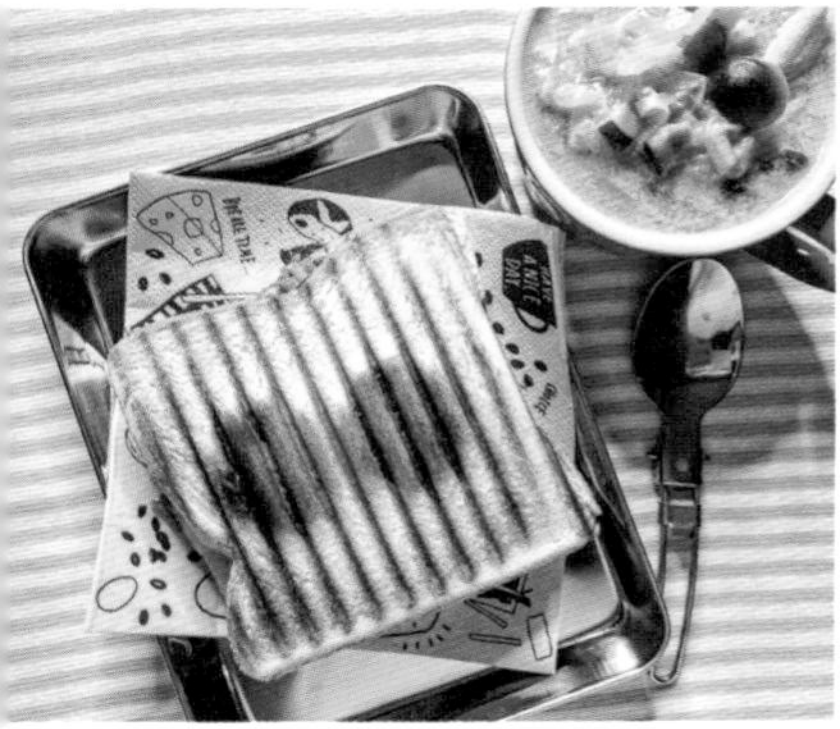

しかし、スプーン以外は全部ダイソーだ。

安いスタイリングだな。

カットするとこんな感じになる。

そしてホットサンドを包んでいるのは、これもダイソーの英字柄のアルミホイル。

普通は柄付きのワックスシートに包むと思うが、最近はなんと柄付きのアルミホイルが売られている。

アルミホイルだから、さらに用途が広がる。

ダイソーもいろいろと新しいことを考えるな〜。

ランチは焼きサバ丼。

テレビ東京の「男子ごはん」でやっていたので、冷凍室にあった昆布サバで作ってみた。

このためにわざわざひじきを煮ていた。

炊き立てご飯にひじきを混ぜてひじきご飯を作っておいて、そこに焼いたサバの身をほぐしてトッピング！

大葉をのせればできあがりだ。

まあ、美味しくないわけがない。

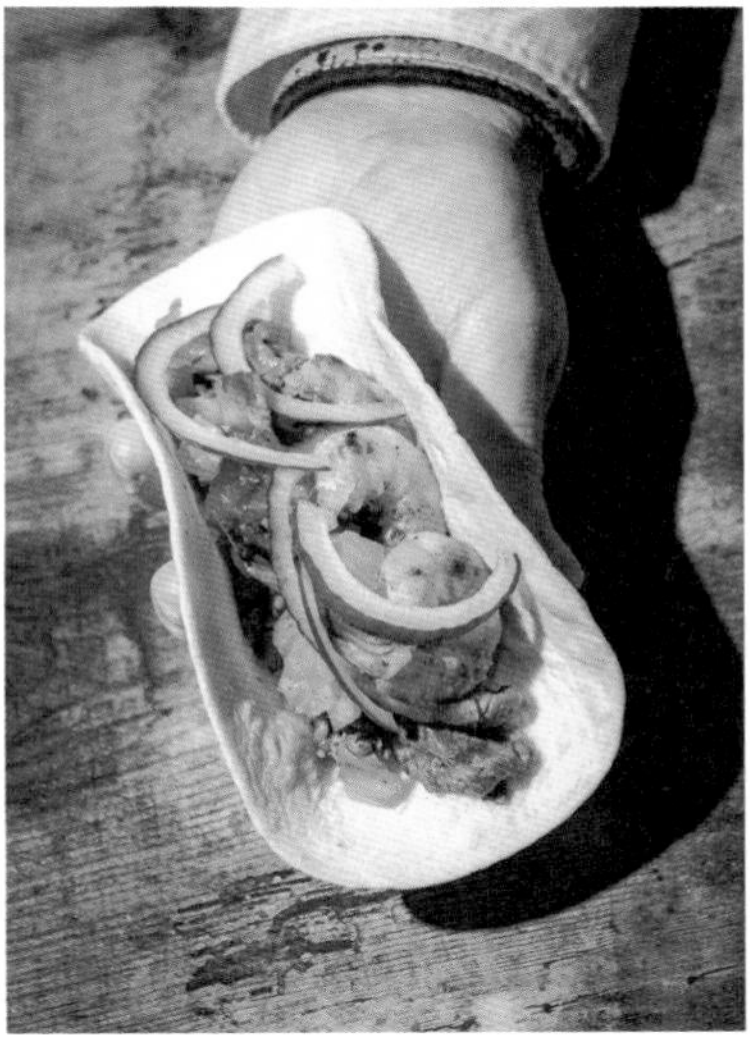

夜は、スーパーでトルティーヤを見つけたので、タコス風に巻いて食べた。牛肉のスパイス炒め、鶏肉の味噌焼き、海老、野菜などなど。

アミーゴ!!
残念ながらコロナビールはないが、『デスペラード』の気分だ！

私の自由な時間のほとんどは、料理に費《つい》やされている。
毎日どこへでも行けるのだが、外出はたまにでいい。
料理が楽しいし、自分は料理ができてよかったとも思う。
なんせ一日に三回も楽しいことができるんだから。

料理に時間を費やせるということは、自由だからこそ！
そしてとても贅沢《ぜいたく》なことだとも思う。

朝、台所に立つ。
幸福な一日の始まりだ。

ライスサラダとバルサミコ酢の醤油ドレッシング

ご飯を超少なめにするのがポイント

思い返せば、一時的に本当に沼にハマる食べ物がいろいろあった。

カレーやラーメンのように永遠の底なし沼というわけではなく、何かのきっかけでもうその時期はそれしか食べたくないというような食べ物。

実はこの原稿を書いている今は、親子丼の沼の中にいる。

なぜ親子丼なのかはさっぱりわからない。

それでもとにかく今は、酒を飲んだシメには親子丼を作っている。

もうひとつ、昨年から1年以上ハマっているのが肉野菜炒め。

どちらもそんなに中毒性がある料理とは思えないが、肉野菜炒めは週5ペースで朝食として登場する。

野菜は刻んだ状態で常にタッパーに保存され、豚コマは50〜60グラムずつ計量してビニール袋に小分けにして冷凍してある。

そこに親子丼まで沼化してきたので、さらに親子丼用の、刻んで小分けにされた鶏肉まで冷凍室に保存されることに……。

材料が少なくなるとすぐに仕込みに取りかかるので、冷蔵庫は常に材料でいっぱいなのだ。

だから、否《いや》が応《おう》でも作って食べなきゃいけないことになる。

おそらく、仕込みをやめればこの沼から出られるのはわかっている。

何をやってんだろうな、俺。


これが時を巻き戻して昨年の夏の頃だと、毎日ライスサラダを食べていた。

いや、このブームは昨夏だけでなく2、3年は続いていたような気がする。

野菜サラダだけだと飽きてしまうが、これにちょっとのご飯を入れるだけで、急に別の食べ物になったかのように飽きずに食べられるのだ。


これまで、数々の種類を作ってきたライスサラダ。

ライスサラダは、たまたまご飯をサラダに混ぜてみたら美味しかったのでハマったのだが、ネットで検索すると結構ポピュラーな料理であることがわかった。

まあ、サラダにご飯を混ぜればできあがるので、料理とも言えないほどの料理である。

しかし、このライスサラダが真夏の朝の食事にピッタリなのだ。

できれば、地中海が一望できるだだっ広いテラスで食べるのがおすすめだ。

あるいは、マハラジャが座るような長〜いダイニングテーブルで食べるのもいい。

どっちもなければ、いつものダイニングでどうぞ。

まあ、どこで食べても美味しいから！

過去に作ったライスサラダを少しだけ並べてみた。

これは十六穀米で作ったライスサラダ。

それに温泉卵をトッピングしている。

雑穀米は特にライスサラダに合う！

こちらは納豆がかかっている。

もう記憶にないが、はたして美味しかったのだろうか？

それにしても我ながらいろんなものを食べているものだ。好奇心というか探究心というか、食に関しては死ぬまでいろいろ考えるんだろうな。

だんだん、ご飯の量は少ないほうがいいとわかってきた。そして野菜が多め。

ご飯の量は少しでも、その存在感はすごい！　それがライスサラダなんだな（しみじみ）。

とうもろこしと枝豆のライスサラダ、これが一番最近作ったライスサラダ。

ライスサラダの材料は、

●ご飯…70～100g程度

●野菜…お好きなものをなんでもどうぞ

野菜を小さめに刻んで、これをドレッシングで和えればできあがりだ。

ちなみに、私がよく使う野菜はこんな感じ。キャベツ、紫キャベツ、レタス、ミニトマト、にんじん、ピーマン、アーリーレッド、スナップえんどう、枝豆、きゅうり、とうもろこし、ブロッコリーなどなど。

こういった野菜にツナ缶やゆで卵、シャケフレークなどを足してもうまい！

他にも、キドニービーンズやガルバンゾーなどの豆類や、キヌアやもち麦などの雑穀系ももちろんおすすめだ。

ご飯がない時は、わざわざご飯を炊いて炊き立てご飯で作っている。

野菜もほんの少しずつ刻んで入れただけなのに、すごくボリューミーになるから満腹感がすごい！

しかもヘルシー！

バルサミコ酢の醤油ドレッシング

では、ライスサラダの味を決めるドレッシングを紹介しよう。

わざわざ手作りしなくても、フレンチドレッシングのようなビネガーのきいたシンプルなドレッシングなら、市販のドレッシングでも十分だ。

しかし、ただ混ぜるだけのライスサラダではレシピにもならないので、私が最近気に入っている「バルサミコ酢の醤油ドレッシング」のレシピを公開。

これはうまい！

バルサミコ酢醤油ドレッシングの材料は、

●えごまオイル…100cc
●酢…50cc
●バルサミコ酢…大さじ2
●醤油…大さじ2
●砂糖…大さじ1
●塩…小さじ2

作り方は、材料をドレッシングボトルに全部入れて10回振るだけ。

お好みで、ブラックペッパーを入れてもいい。また、えごまオイルでなくてもサラダ油かオリーブオイルでも十分美味しい。

ネットで検索すればたくさんのレシピが出てくるので、ご自身で美味しそうと思われるもので試してみられるといい。

完成したバルサミコ酢の醤油ドレッシングがこれ。

バルサミコ酢を入れるだけで、普通の醤油ドレッシングが一気に高級なドレッシングに変わる。

バルサミコ酢は、ちょっとお値段は張るが、マハラジャになった気分で買ってほしい。

いつものドレッシングが、びっくりするほど美味しくなるから。

えごまオイルは体にはいいが、やはり油だからカロリーは高い。

以前、えごまオイルを紹介する番組を見てから、一時はえごまオイルをゴクゴク飲むように摂取していた時期があった。

その結果、血液検査の中性脂肪が９００まで上がってしまい、医師から「死ぬ気か!!」と怒られた。

この歳にして「過ぎたるは及ばざるがごとし」という諺《ことわざ》の意味がようやくわかった。

豪華ではない、贅沢な朝ご飯

朝が始まる

炊飯器が、フツフツと音を立てながらご飯を炊いている。

布団で寝ている私は、その音で目が覚める。早朝5時過ぎ。我が家で一番早く働き始めるのが、この炊飯器。炊飯器が蒸気を上げながら、最後の仕上げにかかる。

部屋中が、ご飯が炊ける匂いに包まれて、さあ朝食の準備をする時が来たぞと教えてくれる。

朝食がパンの時は、まずコーヒーを淹れるためのお湯を沸かす。これがそのお湯を沸かすケトルだが、もういつ買ったのか覚えていないほど古いものだ。おそらく20年以上前に妻と一緒に買ったと思う。

古くなって味が出てきた。変な言い回しだが、汚れ方がきれいである。

そして、これが毎朝水を飲むためのボトル。

ボトルには1・2リットルの水が入る。

起き抜けにコップ一杯の水を飲み干しながら、お湯が沸くのを待つ。

最近のコーヒーは、もっぱらドトールのドリップコーヒー。酸味も苦味もすべてが平均点みたいなコーヒーである。

ブルーボトルコーヒーの対極にあるようなコーヒーだな。

使っているカップは最近のお気に入りで、ブログの読者の方からいただいたウクレレ工房「nekolele」さんのマグカップ。

カップに厚みがあるので、飲み口がやさしい感触なのがいい。

そして、今朝の朝食は「トロトロ卵のツナ玉トースト」。

玉ねぎを刻んで、ツナと混ぜる。

マヨネーズとブラックペッパーで味付けをして、片面だけ焼いた食パンにのせる。

真ん中をくぼませて卵黄を落とし、ピザ用チーズを少量トッピング。

グリルで焼けば完成！

さらにブラックペッパーをかけ、お好みでタイムやオレガノなどのドライハーブを振ってもいい。

タバスコ系のホットペッパーをかけてもうまい！

このトーストを作るのに要する時間は、約10分程度だろうか。

しかし毎日会社まで通勤をしていた頃は、

この10分の時間を作るのが難しかった。

今、こうやって時間を気にせずに朝食を作れるというのは、間違いなく老後に用意された最高の贅沢な時間のひとつだと思う。

朝食で整う

決して豪華な朝食ではなく、贅沢な朝食の時間である。

正直、毎朝のこととなると、朝食作りは面倒くさいと言われる方も多いだろう。

しかし、朝食は一日のウォーミングアップだと私は思っている。

晩ご飯は、酒を飲んで、つまみを食べておしまい。

そして朝食までは12時間ほど経っているから、朝は私のメタボなお腹もペッコリンなのだ。

快調にお腹が空いていると、私の体調は万全なのである。

朝食がうまいと、一日元気に動ける。

だから私の場合、朝食が健康のバロメーターにもなっている。

コーヒー一杯だけの朝食も、駅の立ち食いそば屋で食べるかけそばも、会社のデスクで食べる菓子パンも、どれも一食は一食。

あなたにあと何回の朝食が用意されているかはわからないが、その貴重な一食であることを思えば、たまには10分早く起きて朝食を作ってみるといい。

今は1週間にたった一回の手作り朝食かもしれないが、いずれ年老いたら、私のように豪華ではなく贅沢な朝食が毎日でも食べられるようになるから。

ちょっと長生きするだけで、誰にでも老後は用意されているのだ。

そして、老後の醍醐《だいご》味《み》を十分味わえる時間があることに気づく。

そのちょっとだけ長生きするためにも、1週間に一回の手作り朝食を頑張っていただきたい。

ウクレレ工房「nekolele」さんのマグカップ。
猫のゆるいイラストがお気に入り。

お気に入りの調理道具①
アムウェイの鍋

一生もの

特に私がもの作りなどをやるわけではないが、いわゆる職人と呼ばれる人たちが持っている道具には、たいへん惹《ひ》かれるものがある。

ものとしての形状もそうだが、何かを生み出すために作られた道具そのものが、すでに美をまとって作られているようにも見える。

私が何か作れるものといえばせいぜい料理くらいのものだが、料理を作るにもたくさんの道具を必要とする。

私が持っている料理道具の中で、もっとも長く愛着を持って使ってきたものがある。

それは鍋だ。

新婚当時に私が妻に買ってあげたものだから、ゆうに30年以上も使い続けているステンレスの鍋。

みなさんもご存知の、アムウェイの鍋である。デザインも当時から変わっていないように見えるが、今も同じものを売っているのがすごい！

新婚当時、妻の友人がアムウェイのディストリビューターをやっていて、家でお鍋のホームパーティーみたいなことをやったのがきっかけで買うことになった。

若い頃って、友人の中に誰かひとりはマル

チ商法にハマっている人がいるものだ。

アムウェイのホームページを見ると、今販売されているフルセットよりも、私が買った当時のほうが鍋の数が多かった。たしか、価格も20万くらいだったように思う。

妻が亡くなり、ひとり暮らしになってからは、アムウェイの中でも大きめの鍋はほとんど捨てたが、今も家にある3つだけは現役で使い続けている。

何度か磨きに出したり、取っ手を交換したりしたが、それも丁寧《ていねい》にサポートしてくれたから、ここまで使い続けてこれたんだと思う。

まあ、アムウェイのようなマルチシステムを快《こころよ》く思わない方も多いだろうが、商品としては私はたいへん気に入っている。

洗濯には命をかけていないので、アムウェイの商品の中でも洗剤系には興味はなかったが、このお鍋だけは、妻との思い出もあって大事にしているのだ。

新婚当時はお金もないから、なんでも手頃なものばかり買いそろえて暮らしていた。

しかし、この鍋だけは特別だった。

これから長い結婚生活を送るにあたって、妻が一番頑張ろうと思ったのが料理だったのだと思う。

その妻がどうしても欲しいと言うので、買ってあげた鍋なのだ。

30年前の20万は、今の20万とはわけが違う。

でも、そういう買い物をするのが何か新婚

生活のような気もして、私も頑張って買ってあげたんだと思う。

妻はたいそう喜んだ。

そして、この鍋で本当にいろんな料理を作ってくれた。

解けない魔法

当時は、パンを焼いたりケーキを焼いたりと、それはそれはどこかのクッキングスクールかというほど、多様な料理をはじめスイーツなども作ってくれた。

妻が焼いてくれたスコーンが美味しかったな～。

毎日、ホールケーキがテーブルに置いてあった。

妻は職人のようにケーキを作り、パンを焼き、そしてみんなブクブクと太っていった。

きっと妻にとっては、この頃のお料理作りが一番楽しかったんだと思う。

妻が死んで主人は変わったが、妻から引き継いだこの鍋は、私の毎日の料理のために頑張ってくれている。

生前、妻が一番使った道具がこの鍋なのだ。

これで料理を作ると、不思議と美味しくできる気がする。

この鍋には、妻の解けない魔法がかかっているのかもしれない。

新婚当時に買った「アムウェイ」の鍋。30年以上使い続けていて愛着がある。

「ビタントニオ」のホットサンドベーカーは登場回数も多い。

お気に入りの調理道具②
ホットサンドベーカー

厚焼きができる!

これまでホットサンドベーカーはいろいろ買って使ってきたが、気に入るものはひとつもなかった。

パンを挟んで焼くだけの単純な調理器なのに、気に入るものがないというのはどうしたものか。

これまで買ったホットサンドベーカーのほとんどは、パンの耳を切り落として焼くタイプだったり、具を入れすぎると蓋《ふた》が閉まらなかったりするものが多かった。

じゃあお前は、いったいどんなホットサンドベーカーが欲しいんだ?

実は、私が欲しいホットサンドベーカーの条件はこれだ!

●ボリュームサンドみたいに、具を積み上げてもつぶれずにきれいに焼けること。
●パンの耳もつぶれずに焼けて、美味しく食べられること。
●ネズミや猫みたいな変なキャラクターの焼き目がつかないこと。
●サーモスタットが搭載《とうさい》されていて、自動で焼き上がったらヒーターが切れること。

いや、それだったらあるだろ? と思われ

るだろうが、これがなかなか見つからないのである。

まず、分厚いサンドイッチが難なく挟めるものがない。

大抵、ハムとチーズを挟めばもうそれでキツキツなのが多い。

あと、焼き目が子どもじみたキャラクターものも勘弁《かんべん》していただきたい。

世界中のみんなが大好きなのは知っているが、なにもパンにまで焼き目をつけなくてもいいと思う。シンプルなストライプの焼き目とかがいいな。

ビタントニオ

そして、なんとこれらの条件をほぼクリアしたホットサンドベーカーが、ついに見つかったのだ！

「Vitantonio 厚焼きホットサンドベーカー gooood」

「gooood」は「グード」と発音するそうだ。「GReeeeN」的な？

私が買った黄色のグードは限定色で、実はメーカーのサイトにも掲載されていない。

名前は「チーズ」。

グードのチーズ？

そして、このホットサンドベーカーを作っているのが「ビタントニオ」という「Vitantonio」。

きっとイタリアかどこかからの輸入家電なんだろうと思っていた。

で、よくよく調べたら、企画は浅草でやっていて、製造はなんと中国でした〜。

ま、イタリアよりはだいぶ日本に近いが、外国であることには間違いない。

このメーカー名で検索してみると、このホットサンドベーカーはいろんな料理家さんたちに使われていることがわかった。

たくさんの料理家さんたちが、このホットサンドベーカーで、映えるホットサンドを作ってInstagramにアップしているのだ。

私もチームに加えてもらえるだろうか。

Instagramの写真は、どれも素敵な写真ばかりなので浅草臭はまったくなし！

やっぱ作る人のセンスなんだよな。

では、このグードでどんなホットサンドが焼けるかというと……。

20ページに私が焼いたホットサンドの写真があるので、ご覧いただければわかると思う。

斜めにストライプが入るのはあるけれど、グードのように縦に真っ直ぐなストライプは他にはない。

まあ、私が焼いておしゃれにできるかどうかはわからないが、今朝の朝食にと焼いてみたホットサンドがこれだ。

いかがだろうか。

ウインナーソーセージ、ブロッコリー、チーズ2枚、アーリーレッド、マヨネーズを挟んでみたが、この厚みでも難なく焼けた。

スタオベ！

しかもプレートにバターなど塗らなくても、専用の大型フォークで取り出せるのも素晴らしい。

ただし！

最新の情報だと、私が持っているタイプのモデルはもう廃番になったそうである。

なんで？

わざわざ本書でご紹介したのに残念……。

もしかすると、販売店には在庫が残っているかもしれないので、もし見つけたら迷わずに買おう！

男の数だけあるカレーのレシピ

なぜカレー？

日本の人口が約1・2億人だとすると、まあその半分くらいが男ということになる。「男の数だけカレーがある」ならばカレーのレシピが6000万もあることになるが、私はそういうことを言いたいわけではなくて、なんとなく男は大人になるとやたらカレーを作り出すイメージがあるのだが、みなさんはいかがだろうか。

なぜなら私もそのひとりだったからだ。

ちなみに友人、知人と酒を飲みながら、カレーのレシピについて激論を交わした回数は数えきれない。

殴り合うまではいかないが、自分のカレーこそがうまいと思っている男たちは、たとえ友人といえど譲り合う気など到底ない。

インド人が見たら、さぞびっくりだろうな。

逆に言えば、たとえばインドの男たちが、肉じゃがの作り方について殴り合う寸前まで激論を闘わしている様を想像してみてほしい。ちょっとありえないと思わないだろうか。

しかし日本では、そのありえないことが起きているのである。

それにしても、なぜカレーなんだろう？

肉じゃがでもなく、すき焼きでもなく、ラーメンでもなく……。

もちろん他の料理にも沼る人はいるんだろうが、カレーほど熱くはならないと思う。

じゃあ、私はなぜカレーに沼ったのか？

あらためて考えてみると、単純にカレーの味が好きだということもあるが、沼るに至ったのは、カレーという料理が持つ奥行きの広さなんじゃないかと思う。

誰もが最初に口にするカレーといえば、おそらく母親が作るインスタントルーで作ってくれたカレーだろう。

給食のカレーだって、ココイチで食べたカレーだって、みんなこの味だった。

しかし大人になって、初めて本格的なインド料理屋で食べたカレーに、みんな白目をむいて驚く時がくる。

なんじゃこりゃ？

今まで食べてきたカレーとは、全然違うじゃないか！

しかもこれが本物らしいと聞かされた時に、男たちのやる気スイッチがカチリと音を立てる。

まあ、一周回って、私は、日本のインスタントカレーも今はよく食べる。

これはこれで別物としてうまいカレーだ。

そして最近、新たに沼っているカレーがある。

それは、町中華カレー。

たった5分で、しかもフライパンひとつで作る町中華カレー。

これがまたうまい！

もはや、インド人どころか中国人までがびっくりするカレーだ。

インド発祥《はっしょう》の料理が、日本というフィルターを通して、中国料理のルーツを持つ町中華屋さんで完成された料理。

いったい何が何やら……。

他にも、カレーがうどんになったり、そばになったり、ラーメンになったり……。

最近では、カレーは飲み物になってしまった。

本当にカレーは奥が深い。

カレーは男を熱くする

実は私はラーメンも大好きで、私が持っているInstagramのラーメンアカウントには、手作りしたラーメン120杯以上の写真がアップされている。

ラーメンに沼った人の中には、製麺機を買って麺を打ち、アルミの寸胴《ずんどう》鍋で豚骨や煮干しからスープを作り、一杯のラーメンのために時間と手間暇をかけている人たちもいる。

しかしそこまでやる人たちは、もはやマニアック。クレイジーの領域の人たちだろう。

私も過去には、アルミの寸胴鍋を買って、豚骨を2日間煮込んでスープを作っていた時期もあった。

しかし、家中に立ちこめる豚骨臭に家族から非難を浴びたため、そこでラーメン作りは終わったという過去がある。

ところが、カレーはちょっと違う。

同じ味を極めるにしても、ラーメンのような一部のマニアックな人だけでなく、また、カレー番長と呼ばれるようなカレー職人だけでもなく、ごく一般の人たちが自分の好きなカレーの味を見つけようと、コツコツと趣味の範囲で研究しているのだ。

だから裾野《すその》が広い。

そのぶん、ライバルも多いから、酒を飲みながらカレーの話をするのは危険なのだ。

カレーはクレイジーな人たちだけでなく、常識ある一般人までも熱くしてしまう。

それがカレーという料理なのである。

私の最近のカレーレシピを紹介しよう。

いわゆるスパイスカレーというやつだが、ネットで検索すればたくさんのレシピが紹介されているし、『dancyu』やムックでいろんなスパイスカレーが特集されているから、何を見て作っても美味しくできると思う。

私のレシピもまだ進化の途中だから、この本の原稿を執筆している頃の私のレシピと思っていただきたい。

でもうまいぞ〜！


材料の分量は、たぶん4〜5人分。

●鶏もも肉…2枚
●玉ねぎ…中1個
●にんにく…2片
●しょうが…少々
●トマト缶…半分
●味覇《ウェイパー》…大さじ2
●塩…少々
●水…1ℓ

そして、肝心のスパイス。

Ⓐグリーンカルダモン（ホール）…10粒
クローブ（ホール）…10本
ブラウンマスタード（ホール）…大さじ1
フェネグリーク（ホール）…小さじ1／2
ローリエ…1枚
●コリアンダーパウダー…大さじ1
●カレーパウダー…大さじ3
●ガラムマサラ…少々
●チリペッパー…少々

作り方は、

① 深さのあるフライパンにオリーブオイル大さじ3を入れ、火はまだつけない。

② にんにく、しょうがはみじん切りにしてフライパンに放り込む。

③ Ⓐのグリーンカルダモン、クローブ、ブラウンマスタード、フェネグリーク、ローリエをフライパンに放り込み、それから火をつける。

④ スパイスとにんにく、しょうがを、オリーブオイルで揚げるような感じで弱火で炒める。

⑤ スパイスの香りが立ってきたら、できるだけ薄く千切りにした玉ねぎをフライパンに放り込む。

⑥ 20分ほど炒めてあめ色になってきたら、トマト缶をフライパンに入れてさらに炒める。

⑦ トマトの水分がなくなってきたら、コリアンダーパウダーとカレーパウダーを入れる。

⑧ さらに炒めて材料がまとまってきたら、適当な大きさに切った鶏肉を入れて、色が変わるくらいまで炒める。

⑨ 水を入れて30分ほど煮る。

⑩ 味覇と塩を入れて好みの塩加減にする。（鶏ガラスープなどでもOK！）

⑪ さらに10分ほど煮込んで、仕上げにガラムマサラとチリペッパーを入れるが、辛さはお好みで。

以上が、今私が気に入っているスパイシーチキンカレーのレシピである。

ちょっとくらい材料が多かろうが、少なかろうが、スパイスがそろってなかろうが、だいたいうまいカレーになる。

カレーパウダーさえうまければ、間違いなくうまいカレーになる。

スーパーで売っているようなカレー粉でも美味しくできるが、街中で見かける本格的なスパイスショップやスパイス専門の通販ショップなどで買うと、より本格的なカレーになるから一度試してみてほしい。

私もスパイスはネットでもよく買うし、最近は近所にあるスパイスショップで買いそろえている。

案外安いのと、一度買えば結構長く使えるので、うまいカレーが食べられるならと思って買いそろえてみてはいかがだろうか。

そうすればもう、あなたもカレーの沼の住人だ。

揚げ物がうまい季節

歳とともに変わるもの①

そろそろ季節も春だ。

春になると旬《しゅん》を迎えたたけのこや春野菜がスーパーに並びだす。菜の花やタラの芽の天ぷらなどの揚げ物が美味しい季節だ。

カラッと揚がった天ぷらで一杯やりたくなるな。

先日、『POPEYE』（マガジンハウス）の撮影の時に、スタッフさんから年齢を聞かれた。

私が「66歳ですよ」と言うと、そのスタッフさんは「あ、そうですか～」とひと言。

5年ほど前なら「え～～!!　全然見えないっす！　お若いですね～！」と散々驚かれたものだが、最近はまったくそんなこともなくなった。

三茶のスナックの女の子からも歳を聞かれるので、

「いくつに見える？」

と問い返すと、女の子がしばらく私の顔をマジマジと見ながら考えている。

そしておもむろに
「66歳！」

ちょ！

当ててどうすんだよ！

普通、客の年齢は精一杯のお世辞《せじ》を込めて下をくぐるのが常識だろ。

それを当てやがって……。

いや、もしかして女の子は、精一杯のお世辞を込めて下に言ったつもりなのか!!

外見が実年齢に追いついた。だいたい老いて変わることといえばまず外見だ。

女優さんみたいにおそろしく老化しない外見の方もいらっしゃるが、大抵は奥様たちがどんなに頑張っても、年相応にシミ・シワ・たるみがお友だちになる。

歳とともに変わるもの②

もうひとつ、年老いて変わったことといえば食べ物だろう。「ママスタセレクト」というメディアの記事に「老いて食べられなくなったもの」というのが紹介されていた。

それにはこんなことが書いてある。

「揚げ物と脂ののった食べ物に、体がついていかない」

みなさんも思い当たる節があるだろう。

私も50代に入ってからは、揚げ物をほとんど食べなくなった気がする。

天ぷらはまだいけるが、とんかつなんて見ただけでお腹いっぱいだ。

若い頃は、ミックスフライにタルタルソースを山盛りかけて、ご飯をおかわりして食べていたのに……。

今そんなことしたら病気になりそうだ。

焼肉も、極上の霜降り肉なんて1枚食べれ

ばもういい。

むしろ、ガシガシ歯応えのある赤身肉のほうがまだ食べられる。

本当に安上がりになったものだ。

大トロもダメ！

筋張った赤身でいい。

鶏の唐揚げも2個でいいし、ケンタッキー・フライド・チキンも肉付きのいい部位じゃなくて、スキニーなもも肉でOK。

トーストだって、昔は必ず2枚食べていたが今は1枚で十分。

「餃子の王将」のチャーハンセットも、完食するのはもうきっと無理だろう。

レディースセットならなんとか……。

いったい何がどう変わったのだろうか？

霜降り肉にしても、大トロにしても、脂がのったものは値段が高い。

安価な赤身で満足だし、量も食べられないから、本当に安上がりになったものだ。

そしてここで、大きな疑問がわいてくる。

で？

なんで痩《や》せないの？

それな。

どうせ痩せないんなら、脂たっぷりのとんかつにソースをドバーッとかけてガツガツ食べてみたいもんだ。

清少納言《せいしょうなごん》も『枕草子《まくらのそうし》』で言っているじゃないか。

「春は揚げ物」

秋刀魚《さんま》は苦くもしょっぱくもなくただ高かった

大衆魚だったのは遠い昔

私にとって、秋の味覚といえば秋刀魚だ。

しかしここ数年、秋刀魚が大変なことになっているのは、みなさんもよくご存知だろう。

毎年、秋口になると、今年も秋刀魚が不漁だとニュースで目にする。

さぞ漁師さんたちも大変だろうと思う。

私たちが、スーパーに並ぶ秋刀魚の値段を見てがっかりするのとはわけが違う。

漁師さんたちにしてみれば死活問題なのだ。

もう何十年も一匹100円程度で買えていた秋刀魚が、今では一匹1000円を超える値段がつくこともある。

しかし、この値段でも、大きさはマグロ並みだというのならわかるが、スーパーで見かける秋刀魚はどれもこれもスキニーサイズ。

ほぼししゃも！

一匹の体重は100gちょっとが平均らしいから、ずいぶんと痩せた秋刀魚なのだ。

100gの値段が1000円なら、本マグロと変わらないじゃないか。

ちょっとした和牛のA5ランクも買えそうな値段だ。

果たして、こんな値段で庶民は秋刀魚を買

うのだろうか!?

しかも痩せた秋刀魚だ。脂ものっていないスキニーな秋刀魚は、なんだか哀《あわ》れで食べる気がしない。

秋の夕食の定番だった秋刀魚

妻が生きている頃は、秋になるとよく秋刀魚を焼いてくれた。

私が好きだったこともあるが、当時は芋焼酎をよく飲んでいたので焼き魚がよく合うのだ。

秋刀魚は、頭と骨以外は全部食べる。

腹わたも食べてしまうので、食べ終わった秋刀魚は魚の骨の標本のようになっている。

妻は、いつも大根おろしを必ず横に添えてくれていた。

なのに、私は大根おろしの汁が秋刀魚に染みるのが嫌で、いつも「大根おろしはいらない」と言っていた。

それでも、妻は「体にいいから」と言って、必ず横に添えてくれていた。

しかしあまりに何度も「いらない」と私が言うので、ついに自分だけ大根おろしを添えて、私の秋刀魚からは大根おろしが消えた。

当時、妻は手根管症候群《しゅこんかんしょうこうぐん》という腱鞘炎《けんしょうえん》に似た症状で、長らく「手首が痛い」と言って整形外科に通院していた。

大根をおろすのも、なかなか大変な作業だったと思う。

それを、手首が痛いにもかかわらず、秋刀

魚を焼くたびに大根をおろしてくれていたのに、よくも私は無下《むげ》に「いらない」と言えたものだと、今となっては当時の自分を殴りたくなる。

なぜこんなくだらないわがままを言ったのか……。

毎朝、祭壇《さいだん》に置いてある妻の写真に向かって話をするのだが、秋になると大根おろしのことを何度も心の中で詫《わ》びる。

まさかこんな小さな出来事が、こんな大きな後悔になるなんて思ってもみなかった。

奇《く》しくも高級魚になってしまった秋刀魚だから、私は自分で買って食べることはないだろう。しかし、毎年この季節になると私は胸が痛い。

秋刀魚の小さな小さな骨が私の胸に刺さったまま、ずっと抜けずにいる。

秋刀魚が大漁だった頃。

秋刀魚一匹の値段は１００円が当たり前だった頃。

スーパーに行けば必ずあるのが普通だった頃。

妻が秋になるとよく秋刀魚を焼いてくれていた頃。

すべてが遠い幸せの記憶になってしまった。

断捨離《だんしゃり》したのに、 料理をし始めるとまた食器が集まってくる。

食べて寝る、結局人間はこのふたつで生きている

食べて寝ればそれで幸せ

単純すぎるかもしれないが、あながちはずれてはいないだろう。

人は、食べることと寝ることが満たされていないと、幸福感はおぼえないと思う。

いろんな理由でダイエットしたり食事を制限したりしている人たちがいるが、そのストレスは相当なものだろう。

一日一食の生活を続ける芸能人の話もよく聞く。

撮影は早朝から深夜に及ぶことも多いだろうから、睡眠時間も不規則だ。

そういうストレスを長年抱えて生活するのは、並大抵ではない。

世界中で芸能人の自殺が多いのは、そのストレスのせいではないかと私は思っている。

結局、人は食べて寝る。

妻が倒れた日も、私はスーパーで安いオージービーフを買って焼いて食べた。

そして、仕事と病院と2匹のワンコの世話で、毎日倒れるように寝ていた。

3カ月間、集中治療室にいた妻の見舞いのため、とにかく会社と病院と自宅を移動し続ける毎日。

私も体重が減り、疲労で自分も倒れるかも

しれないと思った。

もう年齢も60歳になろうとしていたから、体力は限界だったのだろう。

そんな私を心配して、娘がご飯を作って書き置きを残してくれたことがあった。

冷蔵庫にあった牛肉と長いもで作ってくれた煮物。

これがやけにうまかった。この頃はたいして料理などしたことはなかったはずだ。

当時、娘は彼氏と同棲《どうせい》していたので、別に暮らしていた。

私の自宅は、娘が同棲している家からはまったく正反対の方向だったが、それでも仕事帰りに家に来て、食事の支度までしてくれたことが本当にありがたかった。

その日の酒は心に染みた。

その時に娘が残してくれたメモ。

その日のメモ書きも、なんと写真におさめていた！

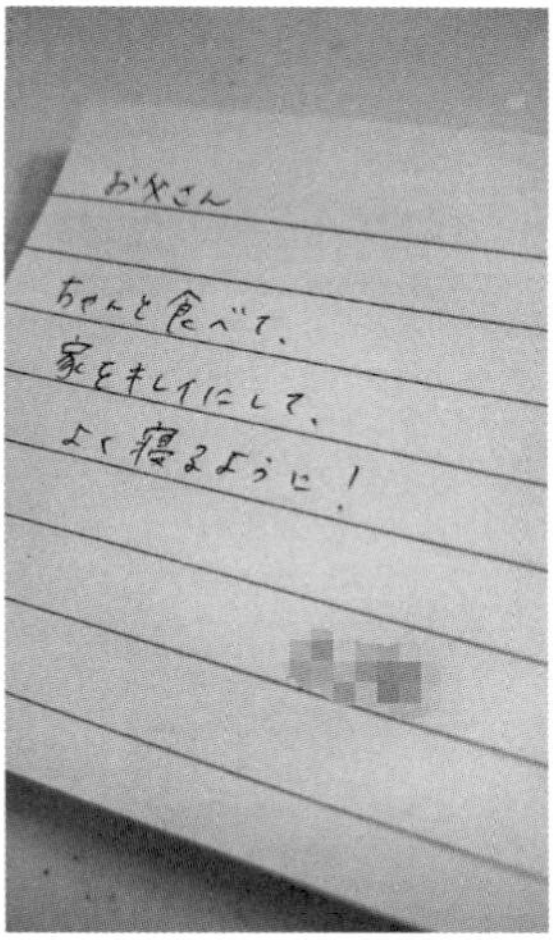
お父さん
ちゃんと食べて、
家をキレイにして、
よく寝るように！

妻が入院している病院から自宅に帰る時は、毎日、高田馬場で電車を乗り換えていた。高田馬場の安い海鮮居酒屋で、よく日替わりの刺身をつまみに酒を飲んで帰った。

妻が入院していた3カ月間は、そのお店の料理を食べて、私はなんとか生きていたような気がする。

悲しくても……腹は減る

そして3カ月が経ち、妻は天国へ旅立ってしまった。

妻の葬式の日も、友人たちと仕出しの料理を食べながらみんなで飲んだ。

葬式の翌日は、娘に朝食を作ってあげた。

妻がいなくなった部屋で、ふたりでトーストとハムエッグを食べながら泣いた。

でも食べる。

そして寝た。

残された2匹のワンコ、らんまるとゆいまるの食事も欠かせない。

この子たちも、私が食事を作らなければ自分たちで食べることはできない。

一番かわいがってくれた飼い主が急に消えてしまい、2匹のワンコたちも相当なストレスだったと思う。

しかしこの子たちもまた、食べて寝ることで生きていた。

妻が亡くなって、7年が経った。

今では私も料理を楽しめるようになった。
妻が教えてくれた料理はひと通り作れるようになったし、新しいレパートリーもだいぶ増えた。

ありふれた毎日に特別な幸せはいらない。
ただ食べて寝るだけで幸せなのだから。
一日三回食べて、三回幸せな気分になる。
そして、今日という日に感謝しつつ寝る。

一日の終わりにも幸せが待っている。

最高か!!

朝の音、台所の音、日常の音、幸せな音

あの頃の音

誰でも、朝になると聞こえてくる音があると思う。

みなさんが聞いている朝の音とは、どんな音だろうか。

住んでいる地域や働いている時間帯、あるいは家族の状況などで、ずいぶん違う音を聞いている気がする。

波の音が聞こえたり。

鳥の声が聞こえたり。

新聞配達のバイクの音が聞こえたり。

普段は何気なく聞いている朝の音だが、それが突然聞こえなくなったらどうだろうか。

私が小さい頃育った島では、朝になると船のエンジンの音が聞こえていた。

そんなに海に近いわけでもなかったのに……。

いい音だった。

鳥の声も聞こえたし、風に揺れる木々の音も聞こえた。

田舎だったから、たくさんの自然の音で目を覚ましていたように思う。

都会には都会の音があるように、田舎には田舎の音がある。

懐かしい島の音だ。

今の音

あれから60年が経った。

今、聞こえてくる朝の音はこんな音だ。

早朝5時を過ぎると、世田谷線の始発電車が走る音から一日が始まる。

ガタンゴトンと、重そうな車体が走る音だ。

最新のテクノロジーとは無縁のようなこの電車は、大きなおもちゃのようで実に愛らしい。

その大きなおもちゃから出る音の間隔からして、スピードが出ていないのがよくわかる。

カメのように鈍《のろ》いから、事故が起きたという話は未だ聞いたことがない。

Macのラップトップを開くと、いつものジャーンという音。

やかんのお湯が、シュウシュウと音を立てて沸騰したぞと言っている。

そのお湯でコーヒーを淹れながら、テレビをつけると、めざましくんが「5時55分」と時刻を告げている。

今日は不燃物ゴミの収集日か？

誰かが、ガラガラと缶と瓶を捨てにいく音がする。

8時を過ぎると、向かいの部屋の小梅ちゃんという女の子が保育園に行く時間だ。

小梅ちゃんは、毎朝保育園に行く時間にな

ると大騒ぎをする。

小梅ちゃんはどうやら保育園をあまり気に入っていないらしい。

部屋を暖めてくれるエアコンのファンの音。

パチパチとパソコンのキーを叩く音。

いつもと変わらぬ日常の朝の音だ。

いろんなところに引っ越しをしたが、住んだ場所それぞれに特徴のある朝の音があった。

音の記憶は、その風景と相まってなぜか忘れることがない。

しかし、ひとつだけ朝の音から消えた音がある。

それは、妻が台所で朝食を作る音だ。

まな板の音。

お味噌汁を作る音。

卵焼きを焼く音。

ご飯が炊ける音。

そして、妻の「ご飯できたよ〜」という声……。当たり前に聞こえていた音は突然消えてしまった。

姿も消え、
声も消え、
音も消えた。

すべての存在が、この世から消えた。

死ぬということはこういうことか……。

あの日から、我が家の台所は静かになった。

そして、静かになった台所に、今は私が立っている。

第2章

築40年ボロマンションを城にする

今日から自宅は小さなテーマパーク

家が好き？

あなたは、家にいるのが楽しいだろうか？

女性の方だと、たとえ高齢になっても家の中に花を飾ったり、手作りのキルトを敷いたり、料理道具や小物をそろえたり、といろいろな楽しみ方をご存知だろう。

しかし、これが我々男となると、そうはいかない。

いや、まだ若い方ならオンラインゲームやメタバースなど、家の中での遊びをたくさんご存知かもしれない。

私もテレビゲームをやっていた頃は、それこそ一日中家にいる生活だったこともある。

ゲームをやるには、人それぞれお気に入りの体勢というものがあり、本格的な人はゲーム専用のゲーミングチェアまで購入して長時間になりがちな対戦に備える方もいるほどだ。

私は、もっぱらテレビゲーム用の座椅子《ざいす》に座ってやっていたが、これが実に座り心地がよかった。

長時間座っているものだから、だんだんと座椅子のほうが体にフィットするように変形してくるのだ。

ただ、そうやってゲームのために長時間家にいるのは、家にいることを楽しんでいたからではない。ただ家の中でゲームを楽しんでいただけである。

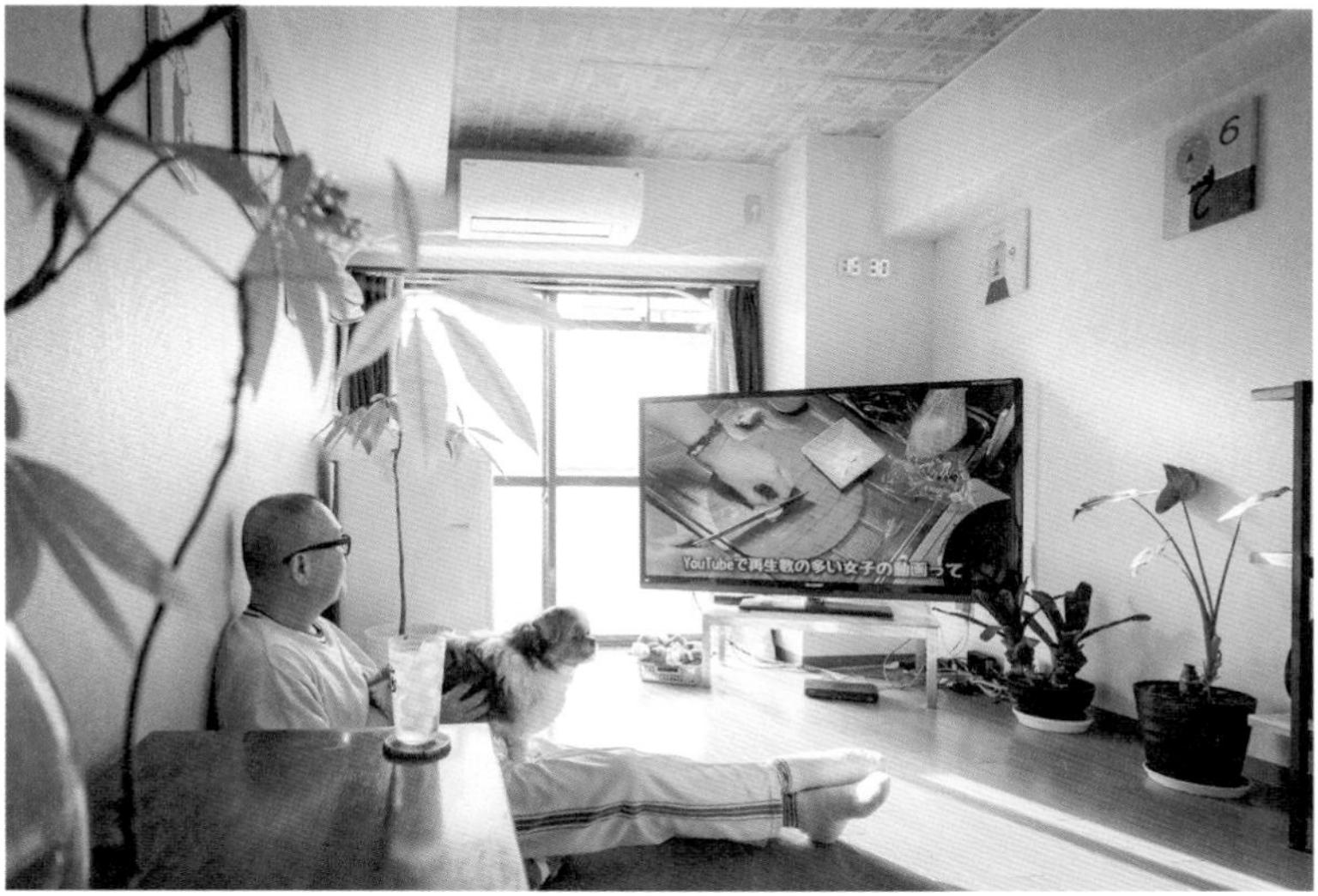
YouTubeで再生数の多い女子の動画って

家が楽しいということは、家が好きにならなければならない。

だから、家を楽しむためには、自分が好きな家に仕上げていくことが必要だ。

60歳を過ぎてからは、私はほとんど家の中で仕事をしてきた。

そして、今は家で動画撮影や編集をするのが、仕事のようなものになっている。

だからなおのこと、生活の場として仕事の場として最高の空間にしたいと思ってきた。

そして今の家である。もう自分では、ほぼ仕上がっていると思っている。

居心地のいい家にするために

家を好きなように仕上げるといっても、私の家は築40年のオンボロマンションである。

しかも賃貸……。

だから、できることは限られているのだ。

古臭い幾何学模様の天井に、安い造りのキッチン。

床はギシギシと軋《きし》み、押し入れはカビ臭い。

壁のコンセントの数も少ないし、洗濯機置き場にいたってはベランダの端にあり、雨ざらしという有様。

これをYouTubeでよく見る、おしゃれ女子のVlogに出てくるような部屋になどできるわけがない。

一度ぶっ壊して建て替える以外には……。

実際に買ったばかりの洗濯機を、最初は雨ざらしのベランダに置いていたのだが、３年であっけなく壊れてしまった。

そこでだ！

私が次に買った洗濯機は、室内に置くことにした。

もちろん、室内に洗濯機置き場のような防水パンもなければ、水道も排水口もない。

いろんなことを緻密《ちみつ》に観察した結果、ベランダにある洗濯機用の水道から、小窓を通して給水ホースを室内に持ってこれることに気がついた。

排水は、洗濯機をベランダ近くに置いておけば、洗濯をする時だけベランダに排水ホースを垂らせばいい。

じゃあ、万が一の水漏れはどうする？

そこで、洗濯機を購入する際に、水漏れパンというようなものを一緒に購入し、洗濯機はその上に置くことにした。

これが、その写真である。

これにより、真冬の寒い日でも暖かい室内での洗濯が可能になった。

冬場のベランダほど、寒い場所はない。洗濯をして干している間に、冬山で遭難しそうなくらいに寒いのだ。

まず、家を楽しくするためには、こういう合理的なことへの挑戦から始めるのがいい。

コンセントの数が電化製品に対して圧倒的に少ない。

じゃあどうする?

まあ賃貸だから当然、延長コードを使うしかないのだが、使用する電気器具の数に応じて延長コードを選ぶのがいい。

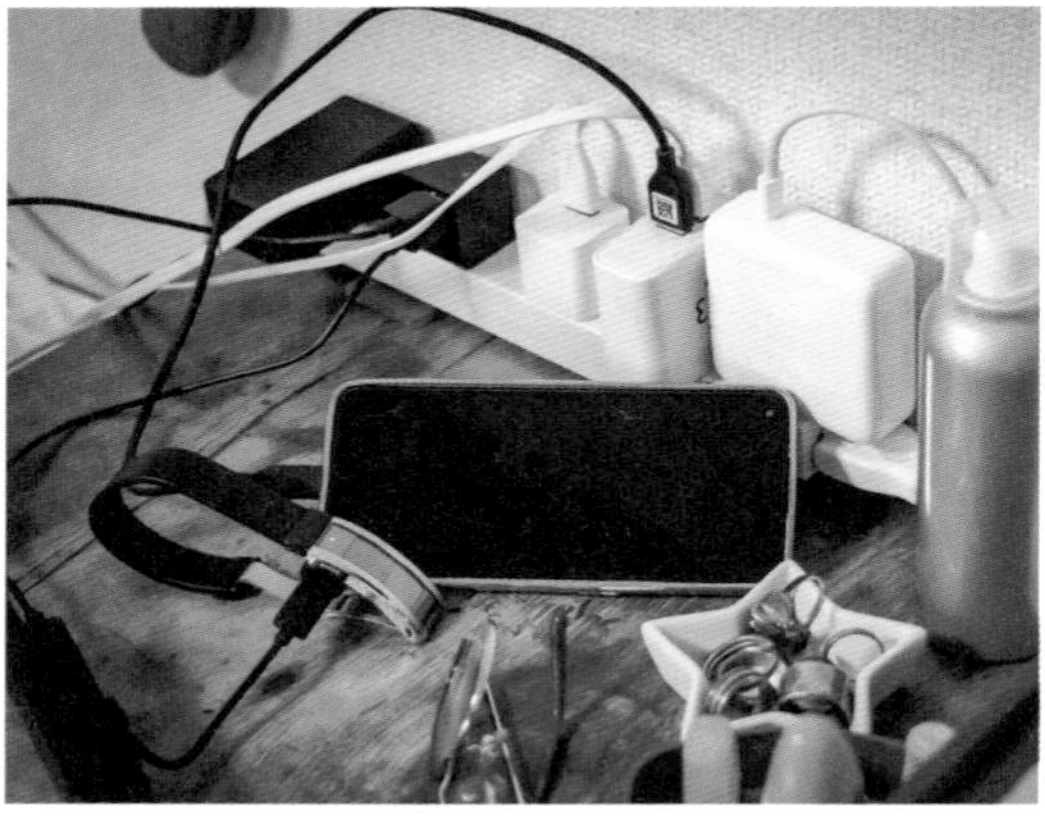

たとえば、デスクまわりだと圧倒的に充電用のアダプターだらけになってしまう。

スマホに音楽用のイヤホン、ヘッドホン、パソコン、デジタルカメラ、ウェアラブルカメラ、スマートウォッチなどなど。

とにかくすべてがリチウム電池なので、充電しまくらなければ間に合わない。

それができるだけスッキリと収まるように、延長コードを選んでみた。

それがこれ。

食洗機と電子レンジのための延長コードは、マグネット式だから鉄製の棚にガッチリくっついていてくれる。

特に、食洗機は流しのすぐ横。

電子レンジも、キッチン近くになければ動線が悪い。

そのために延長コードをうまく活用して、快適に料理ができるように工夫をしている。

家具も、もうこれ以上買う予定はない。

まあ2DKという狭い部屋なので、そんなに家具があっても置く場所がないというのが正直なところだが、今買いそろえた家具はすべて木と鉄でできているものばかり。

しかも、どれも収納にとっても役立つというものではない。ただシンプルに棚がついているだけのもの。

収納の少ない部屋だと、物を隠そうと思っても隠すことができないのが現実だ。

あまり人に見せたくない日用品や食品なども、収納できるスペースがあるのなら、できればそこに隠したい。

しかしそれができないとなれば、あえて見せたくないものも見せてしまえというのが私のやり方である。

たとえば缶詰。

缶詰ってそのメーカーのデザイナーさんが一応デザインをしているわけで、1個置いてもあまり様にならないが、まとめて大量に並べるとなんかいい感じになるから不思議だ（104ページ参照）。

今、ハマっているサバ缶はちょっと例外ではあるが、ビールのバドワイザーなどは箱に入れておくよりも、思い切って並べてしまったほうがいい。特に外国製の缶詰や瓶詰は、デザイン性の高いものが多い。

先ほどのビールやオリーブオイル、ウイスキーやスープ缶などなど……。アンディ・ウォーホルだってキャンベルの缶詰をモチーフにしたのだから、おそらく何かしらあの缶にインスパイアされたはずなのだ。

ホームベーカリーの隣にデンと置いてあるのは、あれはヤバい粉ではない。ただの安いバラ印の砂糖である。

砂糖を棚の一等地みたいなところに普通は置こうと思わないと思うが、あえて見せるために外国製の瓶を買ったのだ。

なので、砂糖すら我が家では立派なオブジェである。

ちなみに、この棚はCreema（クリーマ）というハンドメイドのECショップで買ったもの。

古い賃貸マンションには、木と鉄がよく似合うのである。

手描きの絵、生きている観葉植物

先ほどの棚も、人の手によるハンドメイドの作品である。やはり、生身の人間が作り出すものには命が宿ると思う。機械がオートメーションで作る工業製品ではないのだ。

そして、私の部屋の壁には、Tsukaさんという方が描かれた絵が10枚ほど飾ってある。すべて、シルクスクリーンのような版画やポスターなどではなく肉筆画。

だから、繊細な筆の筆致《ひっち》までがよくわかる

絵になっている。

ハンドメイドの棚同様、作者のあたたかさが絵から伝わってくるようだ。

絵を飾るだけで、ただの薄汚れて黄ばんだ壁が、何やらギャラリーの壁のように見えてくるから不思議だ。

部屋を飾るのは、絵だけではない。

狭い部屋のスペースを、私と分け合って住んでいるのが観葉植物たち。

今は背の高いものや大ぶりな観葉植物は置いていないが、どれもほどよい大きさにそろっている。なかには、40年も私と一緒に暮らしているパキラ君もいる。

みんな元気に生きていて、この部屋の温度を少しだけ上げてくれる存在だ。

なんでもそうだが、興味があることが本当に楽しいと思えるようになるまでは、多少は時間がかかる。

最近は寝る前に必ずアニメを観ているのだが、どれも1話目はさほどのめり込めない。2話、3話と見続けているうちに沼にハマる。

ゴルフにしろギターにしろ、最初は面白いどころか練習が苦痛だった。

家も、自分の好きなように仕上げるには時間がかかる。ましてやそれが完成するには紆《う》余曲折《よきょくせつ》もあり、一朝一夕《いっちょういっせき》にはなかなかいかないものだ。

私も、今の家にたどり着くまではずいぶんと時間がかかった。でも、老後は時間だけはたっぷりあるじゃないか。

いつかあなたの家が、小さなテーマパークになる日がきっとくるよ。

KURO
SHIRANAMI
黒白波
Ballantine's
12
Ballantine's

Leave me alone
13
3
Do You Know me?
5

想像力は情報が少ないほうが鋭利になる

2DK賃貸という狭い宇宙

私はコロナ禍《か》前から自宅で仕事をしているので、外出するのはゆいまるくんの散歩と買い物くらいという日が多い。

この狭い2DKの賃貸マンションが、私の仕事場であり、生活空間なのだ。

たまに都内中心部に電車で出かけると、ずいぶん遠くまで来たな〜という感じがするから不思議だ。

閉ざされた空間での生活に、慣れきった証《しょう》拠《こ》かもしれない。

昔なら、仕事終わりには必ず焼き鳥屋によって一杯飲む！　それが当たり前だった。そんな当時の生活は、遠い過去の話となってしまった。

そして、あのコロナ感染拡大である。

通勤していた人までリモートワークとなり、会社帰りに一杯やる人など誰もいなくなった。

日本中のサラリーマンがリモートワークとなり、さらにプライベートでも外出を制限され、遊びにいくことも、飲みにいくこともままならなくなったのだ。

そのストレスでうつになったり、あるいは家族に暴力を振るったりと、家庭内でいろんな弊害《へいがい》が起きていることが頻繁《ひんぱん》にニュースで報道された。

そんなに家にいることや家族といることがストレスになるのだろうか？

私は、家にじっといることがあまりストレスにはならない。

むしろ、実は家にいるほうが、想像力が敏感になり頭の中に宇宙が広がる。

本当に自由な空間にいるよりも、私は制限がある環境のほうが、想像力は力を増すと思っている。

妄想《もうそう》とアドレナリンであふれ出す

多くの人と情報で埋め尽くされている都会の街中にいても、脳は想像の前に情報を整理するだけで力を使い果たし、感度が鈍る。

しかし2DKの狭い我が家にいると、インプットされるものはパソコンやスマホのニュースかテレビの映像しかなく、その情報も自分で取捨選択《しゅしゃせんたく》しているから余計な情報は入ってこない。

自分が欲しい情報だけをインプットしていれば、私の脳内は妄想とアドレナリンでいっぱいになり、いろんな思考が巡り始めるのだ。

パソコンでじっとレシピを眺めているだけでも、狭い2DKの部屋はすぐにレストランの厨房《ちゅうぼう》へと変わり、自分の食器だったらこう盛りつけてこう写真を撮ろうとか、無限にイメージは広がる。

脳内の行動力のおかげで、体は年老いて、たいして動かなくても、いろんなシミュレーションをしながら常に今の生活を改良しようと考えている。

むしろ、大量の情報が入ってくる街中にいる時よりも感覚は鋭利だ。

今置かれた状況で、自分の価値を見つけて動くこと。

これができれば、どこで仕事をするとか、年老いて体が動かないとか関係がなくなってくる。

今日も私は狭い２ＤＫの部屋で原稿を書いているが、今、私の心は元カノが住んでいる早稲田あたりに飛んでいってしまった。

なぜならその元カノがたった今、私のInstagramをフォローしたのだ。

ナニナニ？？

いったいどうしたの？？

２ＤＫの狭い部屋の中にいても、たまにそんな奇跡が起きるから面白い！

私の宇宙はざわついている。

おひとりさまの部屋

社会とのほどよい距離感

私もおひとりさまとなって、早7年が経とうとしている。

なんの予告もなく、神様は妻を天国に連れていってしまった。そしてそのすぐ後に、らんまるまで虹組に……。

7年前、私は還暦を迎える歳になり、まさに老後の入り口に立っていた。

しかし私の老後は、家族をふたりも失うということからスタートしたのだ。

賑《にぎ》やかだった部屋の中は、ある日を境に空っぽになり、部屋の温度が急に下がった。

私はこんなに広い部屋に住んでたっけ？

主人がいなくなったベッドや洋服、たくさんの荷物だけがそこに存在し続ける。

私は、サイズが合わなくなった部屋を解約して、今の狭いボロマンションに引っ越しをした。

ゆいまるくんとふたりの生活には、これくらいの部屋がちょうどいい。

ひとり暮らしの経験がない私は、孤独とはどんなものなのか、寂しいとはどういう心持ちがするものか、ビクビクしながら暮らしていた。

うさぎは寂しさで死ぬらしい。

寂しさとは動物の息の根を止めるくらいに強烈なものなんだと、真面目《まじめ》に私はそう思っていた。

しかし、孤独や寂しさよりも、家族を失ったという喪失感のほうが強烈で、自分が主体の孤独や寂しいという感情はあまり持てなかった。

それは、ある意味救われたということなのかもしれない。

２０１９年12月、突然現れたコロナウイルスによって、世界中の人がひとりでいることを強制された。

常に誰かと一緒に暮らしていた人や、毎日会社で同僚と仕事をしていた人、何かのコミュニティに入っていて周りに人がいることが日常だった人。

そんな人たちが急にひとりになり、誰とも話さない日が何日も続くということは、たいへん辛いことだったと思う。

人とのつながりだけが、自分がこの世に存在することを証明してくれると思っている人は少なくないだろう。

しかし、実際にひとりになってみたらどうだろうか？

たしかに最初は、極端に減った人とのコミュニケーションに、強烈な寂しさを感じたかもしれない。

でも、人は環境に順応《じゅんのう》していく生き物だ。ひとりでいることでしか見えなかったものが見え始める。

自分にとって重要な人って誰なのか。

自分に必要のない社会の関係性とは何か。

本当の友人っていったい誰なのか。

さらに、必要なお金の使い方や、なくても生きていけるものなどなど、いろんなことがひとりになったことで見えてきたのではないだろうか。

孤独も楽しむ

私は、家族が亡くなることでひとりになった。そしてこのコロナ禍により、さらに人と会うことがなくなった。

これほど長くひとりでいたことはかつてない。いつも誰かが私のそばにいた。

しかし、恐る恐るひとりの生活を始めてみると、自分のためだけに使える時間がこんなにあるのかとワクワクした。

集中するために、静寂《せいじゃく》の中に身を置くことも簡単だ。

誰も邪魔《じゃま》をしない。

狭い部屋にいると、今の自分の生活がこの部屋のサイズにちょうどフィットしていると感じる。

この部屋で生活をし、この部屋で仕事をしよう！

以前は飲み会の予定が入っていないことなんてなかったし、飲み友だちも大勢いた。

しかし今は、逆に誘われても全然気持ちが動かない。社会ともほどほどの距離感があったほうがいい。

それにひとりで飲んでいるほうが楽しい！

自分で料理して、好きな酒を飲む。

ひとりで映画を観て、泣いて笑って寝る。

朝は誰かが淹れたコーヒーではなくて、自分で淹れたコーヒーの香りを楽しむ。

朝食を作り、今日は何をしようかと考える。

誰かの予定に合わせることなどない。


自分の時間を、自分のために使う。

そのために予定を立てるのだ。

家で仕事をしてお金を稼ぎ、家でやりたいことを楽しむ。

買い物はパソコンで。

旅行はYouTubeで。

マッチングアプリに登録すれば、恋活や婚活、パパ活までできてしまう。


オンラインを駆使《くし》してショッピングを楽しみ、バーチャルを駆使して旅行気分を楽しむ。

アプリを駆使すれば、出会いもカンタン！

楽しもうという気持ちがあれば、自分がどこにいるかは関係がない。

どこでも楽しめるのだ。

おひとりさまの老後は突然やってきたが、私にとってそれが新しい人生の楽しみ方を切り開くモチベーションになった。


さあ、みなさんも今ひとりでいるからこそできることをやってみてはいかがだろうか！

取りたかった資格のために学んだり、覚えたかった料理を作ってみたり、副業で新しいブランドを立ち上げてみたり……。


この狭い家の中にいても可能性は無限大だときっと気づくはず。

私の部屋はただの賃貸マンションだが、気に入った家具を置き、好きな観葉植物を育てる。

映画を観るための60インチのテレビは、この部屋には大きすぎるが迫力がある。

好きな料理をし、動画を撮り、YouTubeにアップする。

すべてこの部屋だけでやっている。

私は、この部屋にひとりでいる時が一番忙しいのだ。

これが私のルーティン

おっさんのルーティン

YouTubeを見ていると、一日に何本もおすすめに表示されるおしゃれ女子のルーティン。

モーニングルーティンにナイトルーティン。

しかしデイルーティンというのは見たことがないから、昼間はみなさん会社で仕事をされていて、きっとそれどころではないのだろう。

それにしても女子は、そんなに朝に晩にとお約束事があるのだろうか。

みなさんそれぞれ、何か自分だけの特別なルーティンをやっているのだろうと思って、何人かの動画を見てみると……。

化粧水つけたりクリームつけたりと、どれも同じようなルーティンばかりだった。

いや、それって女子ならみんなやってないか？ てか、今時は男子だってやってそうな気がするが。

女子のルーティンを軽くディスったところで、私のルーティンの話をしよう。

お前もあるんかい!!

よくよく考えたら、私も朝に晩にとルーティンだらけだった。

ただし、このルーティンはよく変わる。

なので、ちょうどこの原稿を書いている頃のルーティンの話である。

きっとこの本が発売されている頃にはまっ

たく別のことをやっていて、この本の中の話などもう記憶にすら残っていないかもだ。
海馬《かいば》つるつる！

さて、まず私のモーニングルーティンだが、朝はだいたい5時には布団から出ることにしている。

なぜそんなに朝が早いのか？

早く寝るからに決まっているだろ！

年寄りはだいたいこんなものだ。

布団から出るということは、実はもうその前に目は覚めているということである。

しかしいくらなんでも、4時過ぎから起きてしまっては、隣のパン屋よりも早く起きることになるし、鶏だって立場がないだろう。

朝というより、まだ夜中だといったほうが当たっている。

なので5時になるまでは、うずうずと布団の中で丸まっているのである。

部屋の壁のデジタル時計が5時をさすと、やおら布団から起き出し、まずやるのはパソコンの電源を入れること。

MacBook Proが、例のジャーンという音とともに起動する。

それと同時に、まず起き抜けにコップ一杯の水をごくごくと飲み干す。

できればビールを飲みたいところだが、それではまるで廃人だ。

いや、たまに飲むこともある（小声）。

パソコンが立ち上がったところで、次のルーティンは緑内障の目薬をさす。

朝一度きりの目薬なので、忘れないように

パソコンの上に置いてある。

これで目薬をさすのを忘れたなら、もはや完璧な〝アル中ハイマー〟だ。

窓のカーテンを開ける。

少しずつ空が白み始めている。

冬に向かう季節なら、日の出はだいたい6時くらいだろうか。

まだある、おっさんのルーティン

布団を畳む。

2年ほど前まではベッドで寝ていたのだが、愛犬のゆいまるくんがどうしてもベッドに飛び乗ったり飛び降りたりするので、まだ新しかったベッドだったが処分することにした。

ゆいまるくんももう老犬なので、できるだけ怪我《けが》のないように部屋の中はすべてフラットな状態にしてある。

ただ、おかげで布団を敷いたり畳んだりがなかなかしんどい。

しかし、ふたりで老いていく人生なので、どちらかが我慢をするしかないのだ。

ゆいまるくんのほうが私よりも寿命が短いので、やはり彼にできるだけ快適に過ごしてもらうようにと思っている。

布団を畳み終えたらその足で、亡き妻とらんまるくんの祭壇のビールと水を取り替える。

昨日のぬるくなったビールと水を、冷たいものに取り替えるのである。

もう7年間、これを繰り返している。

そして、新しいビールと水をふたりの写真の前に置いたなら、いつものように手を合わせ、今までの感謝を伝える。

ふたりが家族になってくれたことへの感謝だ。

これだけは、絶対に変わらぬ毎朝のルーティンである。

もし今日が日曜日であれば、毎食後に飲む薬の仕分けをする日だ。

食後に飲む薬は必ず分けておかないと、飲み忘れることなどしょっちゅうである。

そうやってきっちり分けておいても、薬が切れる頃になると、飲む数が合わないから実に不思議だ。

もう考えても、何がどうなって薬の数が合わなくなるのかわからないので、考えることもやめた。

日曜日にはもうひとつルーティンがあって、部屋の中の観葉植物に水やりをする日でもある。

水やりは1週間に一度で、枯れもせずにスクスク育ってくれているから、これでちょうどいい周期なのだろう。

結局毎日の行動に変化なし

窓の外が明るくなると、ゆいまるくんがそろそろ朝食の時間だろ？　とアピールをし始める。

犬のくせに人間同様、腹時計が正確だ。

ワンコのご飯がすむと、ようやく私の朝食の時間である。

我が家では、私よりもワンコのほうがなんでも優先されている。

それは仕方がない。

お散歩も、私がワンコを連れていくのではない。私がワンコに連れていってもらっているのだ。

最近の私の朝食は、もっぱら野菜スープである。

野菜たっぷりのスープは実にうまい！

しばらく、朝は肉野菜炒めライスがブームで1年ほど続けたのだが、最近は野菜スープがマイブームとなっている。

そして、野菜スープと一緒に飲むのがトマトジュース。元々、トマトジュースは好きなのだが、中性脂肪を下げる効果があると聞いて、これも朝のルーティンに仲間入りした。

どうやら、トマトジュースは朝に飲むのが体にはいいらしい。

これが私のモーニングルーティンであるが、私の場合、特に会社に行くわけでもないので、実はデイルーティンも存在するのである。

書き出せば、まああるわあるわ……。

まず、ゆいまるくんのお散歩。

お散歩が終わったら、ゆいまるくんにも目薬をさす。

1時間のウォーキング。

翌日の野菜スープの仕込み。

常備食のブロッコリーをゆでる。

ゆいまるくんのおやつ作り。

ゆいまるくんのご飯作り。

ゴミを出して、掃除機をかけ、洗濯をする。

加湿器に水を入れ、自動製氷機に水を入れる。

Amazonが来る日はAmazon待ち。

西友が来る日は西友待ち。

パンを焼いて、もち麦ご飯を炊いて、小分けにして冷凍室に入れる。

なんだか考えるとキリがない……。

私は顔に化粧水もクリームも塗らないが、なぜか若い女子よりもルーティンがたくさんあった。

家事が楽しければ毎日が楽しい

その対価16万！

ネーミングがどうも悪い。

「家事」と聞いて、楽しいことを連想する人は誰もいないんじゃないかな。

「家の事」と書いて家事。

その通りなのだが、家の事ってあまりにざっくりで、なんだか雑に呼ばれている気がしてならない。

かといって、気の利いた呼び名も思い浮かばないが、もう少し世の中の主婦（主夫）のみなさんに敬意を表《ひょう》して、ランクアップしたネーミングをつけてあげたいものだ。

「家の事」というが、家事といえば中身はほとんど掃除と洗濯と料理だろう。

リビングでYouTubeを見ながら自分ではヨガと思ってやっている変なポーズや、カウチに寝そべって昼間のテレビ東京を見ている奥様を見ても、誰もそれが家事だとは言わない。

でも、なんだか家事以外のほうが楽しそうでもある。

このあまり楽しげじゃない家事を時給に換算すると、約１４７０円になるという。

月給だと16万１２５０円！

どうだろうか？

結構な価値ではないだろうか。

しかもこれが、お父さんたちが会社でやっ

ている仕事と違って、もし楽しかったら？

モチベーション

私の場合は、わざわざ家事を楽しくなどしなくても、家事が楽しくてしょうがない。

まだ妻が生きていた頃は、完璧なまでに家事をこなす妻がいたため、私の出番はほとんどなかった。

いつもきれいに整頓《せいとん》されていて、掃除が行き届いた部屋。

栄養バランスを考えた美味しい食事。

新品のように畳まれたTシャツ。

妻は何がモチベーションだったのかは今になっては知る由《よし》もないが、とにかく家のことで私が口出しすることなど何もなかった。

妻の家事労働を月給換算するなら、私のサラリーではおそらく雇えない額だっただろう。

しかし、そんな妻は還暦を待たずして、天国へと旅立ってしまった。

あの日から、あんなに掃除が行き届いていた部屋はホコリだらけになり、２匹の犬はまるでマンションに住む野良犬。

毎日カップラーメンとエイヒレと酒だけの食事。

物干しからそのまま乾いたシャツを着る日々。

おそらく、家事ができないひとり暮らしの男の部屋とはこんなものなんだろう。

私の場合は、家事ができないのではなく、この頃は家事をやる気力がなかったのだ。

家事は、自分のためにはなかなかやらない

のではないか。

亡くなった妻も、私が気持ちよく過ごせるようにと、私のために家事に励んでいたような気がする。

単純に言えば、来客があるから掃除をするようなものだ。

当時は、どうやって生きていたのかもあまり記憶になく、ただ息をしていただけの生活だった。

それから時間が経ち、元々なんでもマメにやるほうの私は、盛大な断捨離を実行することになる。

捨てたのは、主に食器類と妻の衣服だ。

もちろん、妻が寝ていたベッドや家具類などもことごとく捨てた。

捨てて捨てて捨てまくって、それから私は妻と暮らした家を引っ越しすることにした。

それが、今の古いオンボロマンションである。

それからようやく妻の死と向き合えるようになり、妻の写真に向かってたくさんの思い出を語るようになった。

いつまでも悲しみの淵に沈んでいてはダメだ。

前へ進もう！

妻が生きていた頃のように、きれいに掃除をして、料理を作り、シャツにアイロンをかけよう。

30年も妻がやってくれたことを、今やめるわけにはいかない。

時間はかかったが、ようやく私の心にも血が通い始めた。

そして、家事のスイッチがカチッと音がしてONになった。

家事は成果がすぐに出る

ちょうどその頃に60歳を迎えた私は、会社を辞め、フリーランスとしての仕事を始めた。

割と家にいる時間が増えたことで、自《おの》ずと家事をやる時間も増えることになった。

家事の何が楽しいかと聞かれれば、私はこう答える。

終わりがあること。

評価がすぐもらえること。

私がフリーのコンサルタントを始めたばかりの頃、売上9兆円を誇るある小売業グループのプロジェクトに参加したことがある。

プロジェクトの目的は、新規事業開発。

要するに、新しいイノベーションの柱を、本業以外にもうひとつ作るということだ。

フリーになりたての私にとっては、実に心躍《おど》るプロジェクトだった。

しかし……。

プロジェクトチームで決めたことが、クライアントの役員会で決まらない。

役員会で決まらないと予算が決まらない。

時間ばかりが過ぎる。

そのうち、プロジェクトの担当役員が異動になる。

新しい担当役員のもと、また一からプロジェクトを始めてくれと言われる。

あの時に、大企業って本当につまらない組織だと思った。

誰もリスクをとろうとしない。

誰も決めようとしない。

それで何がイノベーションだ！ アホ！

プロジェクトを100年やっても、成果なんか出るわけがない！

本当に時間の無駄だと思った。


それに引き換え、家事はすぐに成果が出るのだ。

掃除をすれば、部屋はすぐにきれいになる。

洗濯を終えれば、洗濯機は空になる。

料理をすれば、誰かが美味しいと評価をくれる。

小さな達成目標がないと、大きな目標は永遠に達成されない。

目標を達成すると気持ちがいいもんだ。

だから家事が終わると、とても気持ちがいい！


特に、料理を取り上げてみると、最近はInstagramをはじめ、いろんなSNSで写真を投稿できるようになった。

料理を作れば、自分以外に世界中の人が見てくれて評価をくれる。

たとえ、ひとり暮らしで評価をくれる家族がいなかったとしても、世界中の人がアプリを通じて評価してくれるシステムができあっているのだ。

私の場合はブログがメインだったが、もちろんInstagramもやっているし、なんならアカウントも5個以上持っている。

去年から始めたYouTubeも、そのほとんどが料理の動画である。

もちろん洗濯や掃除のシーンだってあるから、家事をすることで動画に高評価がもらえ、さらにチャンネル登録までしていただけるのだ。

冒頭に「家事の労働対価は月給にすると約16万円」と書いたが、私がYouTubeでいただいている家事動画の対価はその額を上回る。

これが楽しくないわけがない。

家事もコンテンツ

私は最近はあまりテレビを見なくなったが、それでもたくさんの家事番組があることは知っている。

家事が得意な芸人さんがいろんな家事のライフハックを教えてくれたり、時短テクニックを披露《ひろう》するという内容が多いが、これがゴールデンで放送されているんだから人気があるんだろう。

あと最近、伝説の家政婦として大人気のタサン志麻《しま》さんも、もうスピード違反だろというような速さで料理が作れることで大人気になった。

テレビだけではない。YouTubeだって、家事がテーマの動画が大量にある。

日本だけではなく、海外の多くのクリエイターが家事をテーマに動画を配信しているから、世界的に家事の動画を見る視聴者が多いということに違いない。

要するに、家事はもはやコンテンツなのだ。

ひとり暮らしのあなたが、散らかった部屋を片づけるだけなら、それはただの掃除だ。

しかし、散らかった部屋を片づけるちょっとしたアイデアが浮かんだら、それはもうコンテンツになるということ。

いつも仕方なくやっている家事。

その家事のことを少し考えてみないか？

そうしてあなたも、いつかひとり暮らしのクリエイターになる日がくるのかもしれない。

ひと部屋丸ごとウォークインクローゼット！　服は趣味だからしょうがない。

タオルをきれいに畳んでいるうちに、
気持ちも整理される。

玄関が狭いので、 あまり履かない靴や傘
は洋服部屋に収納。

ノンブランドというブランド

ブランド品

私のようなおっさんが言うのもおこがましいが、私は若い頃からひと目でわかるようなブランド品を身につけるのが嫌いだった。

何が嫌なのかよくわからないのだが、根っから高級な物に対しての嫌悪感みたいなものがあると思う。

安い服を着てバッグや時計だけ豪華というのもチグハグだし、自分の身の丈に合わないものは結局は身につけない。

ただ、有名なブランド品ではないが、素材や造りに手が込んでいて、それで高価なものというのは大好きである。

誰も高価だと気づかなければ、いくらでも身につけられる。

高価なブランド品は品質がいいので結局長持ちするとか、安物買いの銭失いみたいなことをよく人は言うが、貧乏人は安いものを長く使うのだ。

だから、決して銭失いなどにはならない。ならないどころか、高級品の何倍も元をとってみせる！（鼻息）

と、こんなところで力んでみせても人から笑われるだけだろうが、実は亡くなった妻もブランド品を欲しがるようなタイプではなかったので、いよいよブランドとは縁遠い生活をこれまでしてきた。

ブランドとは

そういう私が、現役時代はコーポレートブランディングの部署を長年担当してきたというのは皮肉な話だ。

コーポレートブランディングとは、いわゆる誰もがブランドと聞いて頭に浮かべるような、ヨーロッパのファッションやバッグなどと違い、派手なロゴやデザインなどで象徴されるものではない。

企業にとっては、目に見えないところでのブランディングが重要なのである。

簡単に言えば、商品やサービスでライバルと激しい競争などしなくても、ユーザーから「あなたの会社が好きだ」と言ってもらえればもう勝ちなのだ。

だからブランディングとは、競争を避けるために生まれたものである。

社内研修などで「ブランドとは何か」ということをひと言で説明する時に、私は「他との違い」と説明してきた。

いかに他の商品との違いを見せるか。

そういう意味で言えば、私にとって他と違うものとは実はこんなものである。

ノンブランドというブランド

今の私の部屋にある家具のほとんどは、鉄と木でできた家具だ。

いわゆるノンブランドの家具たち。

価格も安い。

特に、私が鉄と木が大好き！　というわけでもない。ただなんとなく有機物と無機物の

組み合わせは面白いと思っている。
なので、わざわざ狙って買ったわけではないが、いつの間にかほとんどの家具が鉄と木の家具になっている。

こちらの棚はCreemaで買ったものだが、九州のクリエイターの方が手作りしているもので、どれも味わい深いものばかり。

注文する時に真ん中にあった鉄筋を15センチ右にずらしてほしいとお願いしたところ、快く注文に応じていただいた。

写真を見て、どうも鉄筋のものはアシンメトリーのほうがカッコいい気がしたのでお願いしたのだが、やはり正解だった。

注文がきてからのオーダー生産らしいので、こういうわがままも聞いてもらえるのがいい。有名なブランド品ではこうはいかないだろう。

棚に置かれている木箱も、ひとつ900円ほどで手作りされているものである。

手作りのものが900円って安すぎない

か？

これがもし、イタリアの有名な家具ブランドのものだったら、いったいいくらになるんだろう。

他にも、気に入って使っているもので、ジュートのエコバッグがある。

ジュート製のバッグはこれが2代目だ。

このバッグはバングラデシュの女性の手によって作られたもので、それがNGOのシャプラニールという団体により、フェアトレードという形で流通しているものだ。

おそらくバッグがひとつ売れれば、バングラデシュの人たちの何食分かの食料が買えるのではないだろうか。

このジュートのエコバッグはとても丈夫で、ウイスキーや缶ビールなど重い物を大量に入れても、びくともしないし持ちやすい。

ブランドのバッグには絶対に採用されないであろうジュートという素材だが、おしゃれなバッグよりも環境にやさしく、そして見知らぬ人たちの生活を助ける素材なのである。

ザルにもブランドがあるのかどうかは知ら

ないが、私が使っているお気に入りのザルがいくつかある。
まずひとつめは、高知県は四万十《しまんと》川だけに生育する竹で作られたこのザル。

これもよく考えれば、竹と金属で作られたものだ。

このフォルムも面白いし、とにかく頑丈《がんじょう》な作りなのである。

お店の方が「一生ものになりますよ」とおっしゃったのがよくわかる。

そばを一人前盛りつけるのにもちょうどいいし、ゆでた枝豆やとうもろこしを盛ってもいい。

うちからひと駅のところにある和食器のお店で買ったのだが、こういうものになかなか出合うチャンスがないので、いいと思ったらすぐに買わないと後々後悔することになる。

そしてもうひとつ、ザルというかカゴというか。

これも竹細工のザルである。

これは渋谷のＬＯＦＴで買ったものだが、これもひと目見ていいと思ったザルだ。

ちょっと想像よりだいぶ値段が張ったので買おうかどうか迷ったが、結局はもうこのザルに出合うチャンスはないだろうと思って決心した。

これがなければ、生活に支障でもあるのかと言われれば何もない。なければないでなにも困ることはないのだが、ノンブランド品には往々にしてこういう出合いがあるものだ。

誰も見向きもしない。

売れ筋からはずれて、陳列棚の邪魔者のようになっているもの。

そういうものに、時々強烈に惹かれるから不思議だ。

そして、うちのキッチンの奥に置かれたこのザルは、半年に一度おにぎりが載っけられたりして活躍している。

おにぎりなら皿でよくね？

だな。

もうひとつ、超ノンブランド品で、しかも買ったわけじゃなく、あるファミレスの店長からもらったものがある。

しかしこれが私にとっては、なかなか捨て難いものになってしまった。

そのものとは何か。

ファミレスで使われていたお重である。

そのファミレスとは世田谷の馬事公苑《ばじこうえん》近くにある和食のファミレスで、私がファミレス飲みをしている時に、隣の客とちょっといざこざになったことがある。

たいしたことじゃないのだが、その時にフ

アミレスの店長が私のところにお詫びにこられ、丁寧に何度も頭を下げてもらった。日本のサービス業は大変だなと思った。

まったく気にしていなかった私は、会計をすませて帰ろうとした時に、またその店長から「よかったら、これあげます」と言われてもらったのが、このお重なのだ。

どうやら和食のファミレスから業態変更するらしく、それでいらなくなったものなのだろう。

きっと鰻重《うなじゅう》か何かに使われていたに違いない。

しかし、なんで私にお重を？

もしお詫びの品としてくれたのなら、できればランチ券か何かにしてくれればよかったのに、なぜに使い古しのお重？

しかも、蓋がないから何に使おうかと思って考えた挙句《あげく》、カツ重を作ることにした。

わざわざとんかつを揚げて、玉ねぎとグリンピースを入れてタレで煮込む。

溶いた卵をまわしかけ、立派なカツ重ができあがった。

どうだ。

なかなかの出来栄えじゃないか。

いや、これはやっぱこのお重じゃないと完成しない一品だと思った。

これが丼だったらここまで映えないだろう。このお重は、もらいものではあるが、我が家のノンブランド仲間のひとつに加わることになった。

鰻重はなんとなく蓋がないとダメかなと思っているので、次はバラチラシか何かを作ってみようと考えている。

ブランドの悲劇

先日、GUで買ったグラフィックのパーカーを着て渋谷に出かけたところ、20代前半と思しき若い女の子が「あっ！」というような目で私を見ている。

私も即座に「あっ！」と思ったのだが、なんとその女の子が着ているパーカーが、私と丸かぶりだったのだ。

派手なグラフィックの柄もそうだが、グレーの色までおそろいだった。

まあ、ユニクロやGUの服は同じアイテムが大量に売られているので、誰かとかぶることはしょっちゅうである。

ただ、その女の子の顔からは笑顔が消え、泣きそうな顔になっている。

そりゃそうだろ。

よりによって丸かぶりの相手が、もうすぐ70歳になろうかというおっさんなのだから。

「あっ！」というより「げっ！」と思ったに違いない。

ユニクロとかGUは高級品ではないが、世界的なブランドとして名前は通っている。

一応ブランド品のくくりに入ると思うが、だからといって手に入らないほど高額なものはないから誰でも着ているのである。

ここで悲劇が生まれるのだ。

じじいから若者まで誰でも着ているブランド、ユニクロとGU。

同年代の若者同士がかぶったとしてもそれはそれでOKなのだろうが、これが自分の父親！ いや、おじいちゃんのような年齢の私とかぶってしまったら、そりゃ死にたくなるだろうな。

てか、もうあのパーカーは怖くて一生着れないだろう。

いかんせん、ひと目でわかるブランド品というものは、時には究極に自分に自己満足を与えてくれるものでもあるのだろうが、しかし稀《まれ》にこき捨てたくなるほど恥ずかしいものになったりもする。

ふふ……。

年寄り側からしてみたら、このGUかぶりもまた楽しい。

ザマーミロ！

第3章

年金11万円で人生を楽しむ

老後の貯金、あなたは老後をどう生きる

60代の平均貯金額

老後を迎えた60代のみなさんが、いったいどれくらい貯金をしているのか。たいへん気になるところだが、実は２０１９年に、ある金融系の機関が調査をしていた。

世帯主が60代で、ふたり以上の世帯の金融資産額は、平均２２０３万円だそうだ。

まあこれは上位数パーセントの突出したお金持ちがいるため、平均を見てもあまり現実的ではないので、ちゃんと中央値という額も算出してある。

それによると、60代の貯金額の中央値は１２００万円だそうだ。

老後の貯金額として、これを多いと見るか少ないと見るかは個々の判断かと思うが、私は実はあまり貯金額には興味がない。

というのも、老後にたとえ１２００万円持っていたとしても、毎月の稼ぎがなければ、あっという間にそれくらいの貯金は使い果たしてしまう。

それよりも、年金で補いきれない生活費を、毎月どうやって捻出《ねんしゅつ》しているかのほうに私は興味がある。

今は定年を過ぎても再雇用制度ができているし、少子化の影響でシニアも働き手としてのニーズはあるだろう。

しかし、そういう制度からはずれてしまっている私のような老人は、いったいどうやって稼いでいるのだろうか……。

人生の楽園

テレビ朝日で毎週土曜日に放映されている「人生の楽園」という番組をご存知だろうか。もう20年も続く長寿番組だが、妻が生きている時にはふたりでこの番組をよく見ていた。老後にこんな生活ができたらいいねと、ふたりでビールを飲みながら話したこともある。

妻が亡くなってからも、ひとりでこの番組は見ているし、先週もジンを飲みながらちゃんと見た。

この番組は、リタイアされたご夫婦が次の夢に向かってスタートするというのがテーマであるから、みんな人生の第二幕のスタートラインに立ったばかりという方が多い。

だから出演者のみなさんは意気揚々《いきようよう》としているし、何しろ次の目標があるから気持ちも充実していらっしゃる。

そういうご夫婦を見ると、テレビのこちら側から見ている私たちも、なんだか新鮮な気持ちになるから人気の番組だと思う。

退職金や老後の貯金まではたいて、田舎でカフェを経営したり、移住して農業を始めたりというのがもっとも多いパターンだ。

年下の若い上司にこき使われてパートをやっているより、こんなリタイア生活を送ってみたい。

田舎の素敵なカフェで、毎日美味しいコーヒーを淹れて、お客様と一日中おしゃべりしていたい。

シニアなら、誰でもこんなふうに思うのではないだろうか。

そりゃそうだ。

私だって似合わないクールビズの服を着ているより、ワークマンのオーバーオールと麦わら帽子をかぶっているほうがよほど楽だ。

しかしそれは、テレビの画面から見えるただのイメージである。

本当のカフェの経営は、回転率が悪いので難しいビジネスであるし、農業なんて、災害列島の日本では地震や台風や豪雨がない年はまずないので、作物を作る技量があったとしても収入がお天気や自然任せという世界である。

そこに素人が入っていくのは、普通に考えてもたいへんリスキーなのは、誰でもわかることだろう。

リタイアしたご夫婦が仲良く作物を収穫しているシーンなどはテレビ的にはいいけど、それで本当に飯食っていけるの？？

もっと言うと、ちゃんと生活できるほど稼げているのか？？　と思ってしまうリタイア組が、この番組を見ているとたいへん多い。

村人全員が毎日お店に来てくれたとしても売上がたかがしれているようなカフェや、家庭菜園に毛が生えたような農業では、到底生活できるとは思えない。

一度収録した楽園の住人たちの、その後の暮らしぶりを放映しているのを見たことがないので、ずっと楽園に住んでいらっしゃるのかどうかは疑問だ。

いつの間にか楽園から出稼ぎに行っている人や、楽園から安アパートに引っ越した人たちもいるのではなかろうか。

やりたいことをやったらそこが楽園になるのではなく、やりたいことで成功したらようやくそこが楽園になるのだと思う。

老後の貯金をはたいて始めた新しい生活は、その投資金額を回収することすらなかなか厳しいと思われる。

だから、老後に楽園に住める確率はかなり低いはずだ。

人生に楽園を求めるなら、今が楽園であることにまず気づくべきではないだろうか。

年金11万、自由であることが一番の幸せ

金か自由か

先日珍しく、Amazonを騙《かた》るスパムでもなければ婚活サイトのメルマガでもない、明らかにお仕事絡みとわかるメールが届いた。

メールを開いてみると、たしかにお仕事のオファーだった。

「私でもまだ需要があるのか……」

日本の労働者不足もいよいよ深刻だな。

ただ、今は動画の撮影と編集で手一杯だから、丁重にお断りの返信を差し上げた。

まあお仕事をいただけるのはたいへんありがたいことだし、確実な収入だからもったいない気もする。

まるで池田エライザさんに耳元で「今夜どう?」と誘われているのに、「お前には興味ねえんだよ!」と背を向ける世紀のバカ男のようだ。

しかしね〜。

ここでズルズルと仕事を受けてしまっては、間違いなく動画制作が疎《おろそ》かになるのはわかっている。

私はそんなに器用でもないし、若い頃のように多くの時間も持ち合わせていない。

それでは、せっかくYouTubeを楽しみにしてくれているファンのみなさんにも申し訳

がない。
目の前の小金に釣られて、また不自由な生活に戻るのは真《ま》っ平《ぴら》だ。

金と自由。

あなたならどちらを選ぶ？
もちろん今の状況にもよるだろう。
私はこの歳になったからだが、迷わず自由を選ぶ。
それでこそ「人生うぇ～い！」だ。

ところが！
お仕事のオファーをしてきた担当君は、私がメールで断っているにもかかわらず、今度は電話をかけてきたじゃないか！

たしかにメールを見れば、お相手のクライアントはかなりの大手企業。
どうしても、アドバイザリーとして私が必要らしい。
電話の向こうで熱く語る担当君の話を聞きながら私は……、
そんなに？　俺いいすか？
と思った。まるで日本に私しか人材がいないかのような言い方だ。
んなわけないじゃないの～。

と、また丁重にお断りしたのだが、担当君は本当に残念そうだった。
もしや、本当に日本中に私しか人材がいないのかも……。
電話を切って冷静に考えた。

若い頃からサラリーマンとして働いてきた私の経験が、この歳になっても必要とされる。

そうか。

誰でも同じことを一生続ければ、それ相応のプロフェッショナルにきっとなるんだなと思った。

どの道を歩いたとしても

そう考えると、なんだか私がサラリーマン人生を続けてきたのは間違いだったような気がしてきた。

何十年もサラリーマンをやってきた私は、プロのサラリーマンにはなれた。

だから、今でもその経験を買いに仕事のオファーがくる。

いいじゃないか。

何がダメなんだ？

いや。

私がもし別のことを一生かけてやり続けていたなら、私はその別の何かでプロフェッショナルになれていたかもということだ。

別の何か？

それが何かはわからないが、たとえば……、ロックスター（ププ）。

たとえば小説家。

たとえば画家。
たとえば写真家。

サラリーマン以外のプロになってみたかったな〜。どんな好きなことでも、仕事となるとそんなに甘くはないのはわかっている。
フリーの仕事も、想像よりは自由はないかもだ。

別の道を歩いた66歳の私はどうなんだろう。
今より自由なんだろうか？
今の自由は、サラリーマンを続けてきたから得られたもの？

そうだな。
どの道を歩いたところで、結局たどり着くところはそこだな。

今を自由に生きられるかどうか。
人目につくような派手な仕事では、もしかすると自由などないかもしれない。

きれいな花壇に並んで咲く花よりも、道端の雑草のほうが自由に生きているように見えるもんな。

この原稿を書いている今の時間は午前7時11分。

さあ！　酒でも飲むか！

人生うぇ〜い！

お金はあるほうがいいだろうが、ないならないでしょうがない！

人生はいつどうなるかわからない

年金だけでは老後資金が2000万円足りないというニュースが報道されたのは、まだみなさんも記憶に新しいと思う。

あの報道に驚いたのは老人だけじゃない。おそらく若い人たちも、自分の将来のことを言われているようで、相当びっくりしたのではないだろうか。

では金融庁が言うように、老後に2000万円の貯金がある人は、それで難なく楽しい老後が送れるのか。

あるいは1000万円しかない人は、老後にお金で苦しむことになるのか……。

しかし、そんなことは誰にもわからない。

なんとなく貯金がある人のほうが、老後はあまり考えずにボーッと生きていける気はする。

ただ、それが幸せなのかどうか。

人生は、終わりのないオセロゲームのようなものだ。

白黒が反転するゲームと同じで、人生の勝ち負けなんて最後の最後までわからない。

たとえ2000万円の貯金を持っていても、日本の平均寿命をはるかに超えて100歳まで生きたらどうする？

結局、貯金は底をつき、年金では暮らせない期間が延々と続くのだ。

金融庁の計算は、すべてが平均に基づいての話。

しかし、全老人がみな平均に生きるわけではない。あなたの人生は、これまでごく普通の平均的な人生だっただろうか？

まあ稀にそういう方もいるだろうが、大抵の人は自分の人生を振り返った時に、少なからず波風があったと答える人のほうが多いと思う。

もしかすると、波瀾万丈《はらんばんじょう》だったと答える人が多いのかもしれない。

だったらあなたの老後は、老後になったとたんに急に平均的なごく普通の老後になるのか？

そんなことはおそらくない。

やっぱり多少の困難を乗り越えながらお金を工面しつつ、健康を気遣い、日々の小さな出来事に喜びを感じながら、「ああ、面白かった」と言って死ぬ確率のほうが高いのではないか。

お金の多寡《たか》だけが幸せだと思っている人はこんな話は耳にも入らないだろうが、どんな人生も楽しんでやろうと前向きに生きられる人であれば、お金はあろうがなかろうがきっと幸せな人生のはずだ。

あなたがもし都会に住んでいて、老後のお金が心配であるなら、思い切って田舎に引っ越したらいい。

私も実はいろいろ探しているのだが、今や日本は空き家だらけだから「無料で家・土地をあげます」という物件が結構ある。

私が探した中には、「家屋の修理費用に50万円をあげます」というところまであった。なんと、タダ以上にお金がいただけるという物件！

しかも畑もついていて、自分ひとりで自給自足するにはちょうどいいくらいの畑だった。

都会にしがみつくのもありだが、考え方を柔軟にすれば、日本なんてアメリカに比べれば異常に狭い。

そんな狭い島国のどこに住んでいようが、たいして変わりはないではないか。

私たち日本人はみんな、狭い土地に小さな家を建てて暮らすシルバニアファミリーなのだから。

貯金大国ニッポン

とはいえ、日本は貯金大国なのである。

前項で都会と田舎の話をしたが、首都圏や大都会に住んでいるほうが、明らかに仕事も多く収入は得やすいだろう。

しかし、貯金の額となると逆転して、香川県や徳島県、奈良県などが毎年上位を占めているそうだ。

長らく都会に住んでお金は稼いだかもしれないけど、結局貯金では田舎には勝てないということであれば、歳をとってからの生活はお金を使わず暮らせる田舎のほうが断然いいではないか。

これを国別に見てみると、たとえばアメリカだと、なんと69パーセントの人が貯金額10万円以下というから驚く。

詳細はこうらしい。

34パーセントが貯金0円。

69パーセントが10万円以下。

100万円以上の貯金がある人は全体の15パーセントしかいないらしいので、日本よりもアメリカの老後のことを心配してあげたくなってくる。

ちなみに、日本はふたり世帯の平均貯金額は1101万円、単身世帯でも798万円という額になる。

アメリカと比較してもこんなに貯金がある日本なのに、それでも老後が心配とはどういうことなのか？

前にも言ったように、もしお金の多寡で幸せが決まるのであれば、アメリカは日本よりはるかに不幸ということになる。

しかし、アメリカ国民はそうは思っていないだろう。

かたや日本はこれだけ貯金があっても、幸せを実感できないというのがなんとも不幸だ。

日本人は、なんでも平均でありたがる。

もしあなたの貯金が平均より下回るとしても、ないならないでしょうがないじゃないか。

平均であることの呪縛から逃れれば、背負っている荷物はずいぶん軽くなるぞ。

『最高の人生の見つけ方』

この映画のオリジナル版はハリウッドで制作されたジャック・ニコルソンとモーガン・フリーマンが主演の映画だが、日本版もリメイクされたのでご覧になった方も多いと思う。

日米でストーリーはちょっと異なっているが、いずれも面白い映画だった。

『最高の人生の見つけ方』という映画のタイトル通り、死期が近いふたりが「死ぬまでにやりたいことリスト」通りに、旅に出たり、ライブに行ったり、美味しいものを食べたりというストーリーである。

ご覧になっていない方もいるので、あまりストーリーには触れないでおこう。

日本版では天海祐希《あまみゆうき》さんと吉永小百合《よしながさゆり》さんという二大スターの共演だったが、お金持ちの社長役の天海祐希さんが一介《いっかい》の主婦役の吉永小百合さんにこう言い放つシーンがある。

「貧乏人はいい。お金があると幸せになれると勝手に幻想を抱けるから。私は金持ちになっても何が幸せなのかさっぱりわからない」

お金持ちにしか言えない言葉だが、言いたいことはよくわかる。

アップル創業者のスティーブ・ジョブズも、彼が死に際に残したメッセージには「私はビジネスで成功したが、一番大切なものは健康と家族との思い出だった」と書き残した。

生きていくためにはお金は必要だが、お金で幸せになれるわけではないことを、おそらくみんな知っている。

必要なお金は稼ぐしかない。

しかし、人生において大事なことは幸せに生きることだ。

残り短い人生を、いかに幸せに生きるか。

もう考えるのはそのことだけにしよう。

私が最後にやりたいこと

映画の話に戻るが、最高の人生とはスカイダイビングをしたり、ももクロのライブに行ったり、インスタ映えのする巨大パフェを食べたり、エジプトでピラミッドを見たりすることなんだろうか？

死ぬ前にやりたいこととは、みんなそうなんだろうか……。

やれば楽しいことなのだろうが、それをやったから人生に悔いなしとは感じないと、私は思う。

私が年老いて悔いなく死ねるために必要なこととは、今日のささやかな一日を大切に生きること。

チッ！

じじいが何をきれいごと抜かしてやがると言われそうだが、べつに好感度を上げようとしているわけじゃない。

死ぬ前に何がやりたいかと聞かれたら、私はこう答えると思う。

亡くなった妻との長い結婚生活を振り返ってみて、幸せを実感したのはふたりで行った海外旅行でもなければ、贅沢な外食でもない。毎日のささやかな日常だったのだ。


妻の手料理で晩酌をする。

今日一日の出来事をふたりで話す。

ふたりで行ったワンコたちの散歩。

休日に出かけた公園で飲んだビール。


特別なタグなどついていない、ありきたりの日常。

でも、それが宝物だったんだと、妻が亡くなってからようやく気づかされた。

だから……。

私が死ぬ前にやりたいこととは、

「いつもと同じように料理を作り、観葉植物に水をやり、そしてお風呂に入ったらいつものビアバーに行ってビールを飲む。ゆいまるくんにご飯をあげたら、ベッドでウイスキーを飲みながら映画を観る。そしていつものようにふたりで寝る」。


人生の最後はそうやって終わりたい。

下流老人

Downstream old man

「下流老人」をGoogle翻訳で変換したら、英文ではこういう言葉になった。

下流老人という言葉は造語だから、まあグーグル先生がわからなくてもしょうがない。

それにしても、この言葉を聞いてみなさんはどう思っただろうか。

私は、嫌な言葉だなと思った。

この言葉を造り出したのはあるNPO法人の代表の方だが、その方が出版されている本のタイトルにもこの題名が付けられている。

しかもサブタイトルは「一億総老後崩壊の衝撃」。

きっと出版社の担当編集者が考えたサブタイトルなんだろうが、売れるためならなんでも言う的な恣意《しい》が透けて見えて、買う気にもならない。

買う気にならないので、買っていない。

だから、特に本についてとやかく言うつもりもない。

しかしネットで本のレビューなどいろいろ見ていると、すべて「たらればで書かれている内容であることがわかった。

どういうことかというと、年収400万円の方でも、いずれいろんな要因で生活保護レベルの生活に陥《おちい》るかもしれないという話である。

あくまで「かも」だ。

老後、離婚によりひとり暮らしになった男性は、家族と切り離され貧困に陥るかもしれない。

たとえ収入がある方でも、老後に健康を害すると医療費がかさみ、貧困に陥るかもしれない。

息子の借金がかさんで貯金を切り崩す生活となり、貧困に陥るかもしれない。

息子が滞納した奨学金を肩代わりするはめになり、老後は貧困になるかもしれない。

そういう要因がいくつか重なると、下流老人と呼ばれるような貧困層になる可能性があるということなのだ。

しかしそれは年齢には関係なく、そんなバカ息子に育てたことが原因だろう。

決して老人に限ったことではない。

いつ誰がどんな状況になるかなど誰にもわからないし、老後と呼ばれる年齢まで生きていられるかも保証などされていないのが人生だ。

竹内結子《たけうちゆうこ》さんは、40歳で亡くなった。

お金も仕事もすべてあるのに。

私の妻は、58歳で天国へと旅立った。

まだ老後という年齢ではない。

ただ、人生において予測されるリスクには、みなさん何某《なにがし》かの保険なり、備えをしているはず。

それすらしていない人たちは、老後を待た

ずとも貧困や生活保護、ホームレスになるといったリスクが高いのは当然である。

ではなぜ、私たち老人の生活の不安を煽《あお》るような本をわざわざ出すのか。

もちろんひとつは、そういう可能性がありますよという警鐘《けいしょう》でもあろう。

しかしもうひとつは、日本の平均寿命がさらに更新され、４人にひとりが65歳以上の高齢者となりつつある日本。だから、読み手となるターゲットが多いテーマこそ、本が売れるからだろうと想像する。

マーケティングの結果、老人がターゲットとなりひどい造語が生み出され、仮説ばかりの内容の本を買わされる。

ただ不安を煽られて、なんの解決策も示されない我々高齢者に、どうしろというのだ。

私自身も、見方によっては下流老人だ。妻を失い、ひとり暮らしの老後生活で、何種類もの薬を飲み、医療費はかなりかかっている。

おまけに持ち家もなく賃貸住まいで、薄毛でメタボで高血圧。

しかし、高齢者なんてほとんど年金で生活している。

いわばみんな貧乏なのである。

２０００万円の貯金がなければ、人並みの生活はできない。

なければ、みんな貧乏人だと金融庁のお墨付きだ。

昔、「一億総中流」という言葉が流行《はや》った。

それが今は「一億総下流」の時代らしい。

ターゲットの1億人がみんな貧乏だったら、誰も本を買う余裕なんてありませんけど。

気分が上がる話

どうせ本を書くなら、もっと高齢者の気分が上がる話を書けないものだろうか。ネタはいくらでもあると思うのだが。


窓の外を見てみろ。

それだけで気分が上がるネタがある！


今朝は、朝日が眩《まぶ》しいほどに輝いていた。

まだ7時前だというのに、すでに真夏の気温だ。

テレビではニュースキャスターが、熱中症予防に水分補給を忘れないようにと叫んでいる。


はいはい。

じゃあ、朝から水分補給のためにビール飲みますね！


窓の外はすでに灼熱《しゃくねつ》。

なんとなく外気がゆらゆらと揺れて見える。

しかし、ガラス1枚隔《へだ》てたこの部屋は、クーラーが利いて快適だ。


ごくごく……。

プハァ〜！

ビールがうまい！

自由だな〜。

これが老後だよ。

下流も上流もない。

金と引き換えに、俺たちは自由を手に入れているんだよ。

朝は、上流にいる老人にも下流にいる老人にも分け隔てなくやってくる。

空も太陽も地球も、すべての自然はどんな境遇の人にも平等だ。

人間だけが、人間を区別したがる。

さすらうギャンブラー

実はギャンブルに興味がなくて……

この見出しだと、もう私がどうしようもないギャンブル中毒で、年金は丸ごと舟券か馬券に替えてしまっているように思われるだろう。

実は一度だけ、ボートレースに行った時の動画をYouTubeに投稿したことがある。

ただ私がビールを飲みながら、ボートレースを楽しむだけの動画だった。

ところがその動画を投稿したとたんに、チャンネル登録数が一気に５００人も減ったのだ。

「え？　ボートレース、ダメなん？」

なかなかの衝撃だった……。

その時初めて、公営ではあるが、ギャンブルというもののイメージの悪さを痛感した。

おそらく私は、動画の中では、年金をギャンブルで溶かすクズ男にしか見えなかったのだろう。なので、ここでちょっと反論しておこうと思う。

おいおい……。

YouTubeでのことはYouTubeで反論しろよ！

なんで本の中で反論するんだよ！

と、ご批判《ひはん》を受けるのは百も承知だが、動画だと尺が限られていて十分に反論できない気がするのだ。

だからこれまで、そのことには触れずにき

たのだが、これが本だと十分に紙面があるから、反論するには好都合なわけ。

まあ、唐突なギャンブルの話を編集者が許すかどうかだが……。

そこまでして言申し上げたいのは、実は私はギャンブルにはまったく興味がないということ。

あのボートレースだって、あの日初めて行ってみたのだ。

なぜボートレースに行くことになったかというと、私の娘のことから話さなければならない。

私の娘が結婚した相手は競馬が大好きで、ふたりの結婚式も馬がやたらと登場する演出だったほどだ。

大学を卒業して就職する時は、「競馬新聞に就職したかった」とも言っていた。

ただ競馬が好きというよりも、馬が好きなんだろう。

決して競馬で身を持ち崩すような旦那ではない。

私も東京競馬場には友人の誘いで二度ほど行ったことがあるから、娘とは一度一緒に競馬を見にいこうと約束していた。

しかし夏になってシーズンが終わり、それで娘と競馬に行くチャンスが当分なくなってしまったのだ。

東京競馬場に行かれたことがある方はご存知だろうが、晴れた日のあの広大な競馬場は実に美しくて気持ちがいい。

馬券を買わなくても、家族連れで一日楽し

めるほど子どもたちの遊び場があるし、イベントなども行われている。

青い空と緑の芝生のコントラスト……。ビール片手に、疾走《しっそう》する美しい馬を眺めるのはギャンブルとは程遠い、なんとも有意義な時間である。

その体験をしに競馬場へ足を運ぶのである。

ちょっとした演出のつもりが

先ほど申し上げたように、私は競馬も含めギャンブルにはまったく興味がない。

だから、知っている馬の名前といえば、未だにトウショウボーイとテンポイントくらいだ。ただ、娘の家族と競馬場で過ごすのが楽しみだっただけである。

パチンコは公営ギャンブルじゃないから競馬と同じカテゴリーではないが、せいぜい過去にやったことがあるといえばパチンコ程度。それも今は、まったく足が遠のいてしまっている。

競馬のシーズンが終わり、せっかく娘家族と行きたかった東京競馬場。

だったらシーズン関係なくやっているボートレースがあるじゃないか！　と思いつき、私の家から割と近くにある多摩川ボートレース場に行ってみたというのが事の真相なのだ。

競馬のシーズンが終わったからといって、わざわざ行ったこともないボートレースに行く意味はもうひとつあった。

実はブログやYouTubeの中では、私のことをまるで聖人のように思われていらっしゃる方が結構いらっしゃるのだ。

それはそれでたいへんありがたいことだが、実際の私は超がつくほど俗人でありまして、真面目人間でもなんでもない。

この歳になっても、煩悩《ぼんのう》と欲望に悶《もだ》え苦しむダメ老人なのだ。

視聴者さんが思っているほど、私はそんな真面目な男ではないですよ〜。

それをわかってもらえるためにはどうすればいいか考えたところ、ギャンブル動画がいいのではと思いついたのである。

これで私への間違ったイメージがモデレートされるだろうと踏んでいたのだが、奇しくもそれは大成功だった。

私を聖人のように思っていたおおよそ50０人の方が、一斉にチャンネル登録を解除されたのだから。

イメージは正しく修正され、そしてみなさんは行動に移されたのだ。

まさかそうくるとは予想しなかったな〜

……クスン。

結果、痛い目にあったそのボートレースだが、私にとっては初めてのボートレースだったから、当然だがボートレーサーの名前など何もわからない。

もっと言えば、オッズが何かもわからなければ3連複や拡連複という言葉もその時初めて知った。

そんなギャンブルど素人の私が初めて行ったボートレース場は、あの広大で美しい東京競馬場とは似ても似つかぬものだった。

施設の規模も小さいが、建物も老朽化《ろうきゅうか》してなんだか暗い。

ボートレース頑張れ！

そして何より違うのは客層だ。

競馬ファンは、若い男性は元より若い女性も多く、何より目立つのが子連れのファミリーである。

なかには赤鉛筆と競馬新聞を持ったおじいちゃんもいるにはいるが、もう大多数の他の客層に薄められてあまり目立たない。

ところが……、一方のボートレースの客層といえば、間違いなく年金をつぎ込んで舟券を買っているようなおじいちゃんたちばかり（私もそっち側のひとり）。

競馬に比べると、なんとイメージの悪いことか。競馬は若い芸能人を起用した広告戦略が功《こう》を奏《そう》して、新しい客層を取り込むことに成功したのだろう。

なんせ今のＪＲＡ（日本中央競馬会）のＣＭは長澤《ながさわ》まさみさんだからな。歴代のキャスティングも松坂桃李《まつざかとおり》さんや柳楽優弥《やぎらゆうや》さん、土屋太鳳《つちやたお》さん、高畑充希《たかはたみつき》さんなど実に爽やかだった。

ところが、ボートレースのＣＭはまるで人気がない。人気がないどころかネット上では「ボートレースのＣＭ　うざい」とか「ボートレースのＣＭ　嫌い」などの言葉がズラリと出てくる。

ボートレースのＣＭのキャストといえば中村獅童《なかむらしどう》さんや土屋《つちや》アンナさん、ゆりあんレトリィバァさんなどだが、ＣＭの内容がわかりにくいという意見や高圧的なシーンが不評で、ボートレースの好感度を上げるどころか逆にイメージを悪くしてしまっているようだ。

これではただでさえ暗いあのボートレース場に、若い方が足を運ぶことはまずないだろう。

こうやって多額の費用をかけたボートレースのＣＭ戦略は見事に失敗に終わり、相変わらずおじいちゃんだらけのボートレース場なのである。

唯一！

ボートレースに客がひとり増えた。

それがこの私だ。

老後の心配ばかりしてたらストレスで死ぬぞ

年金をもらわずに死にたいか！

老後などまだまだ先だというのに、老後の心配ばかりされているみなさんがいかに多いことか……。

そんなに心配ばかりしていたら、ストレスで長生きなどできなくなる。

本末転倒《ほんまつてんとう》だ。

日本人が心配性なのはよくわかるが、人生には困難がつきものだろ。

あなたが晴れて年金生活に入るまで生きられる保証など、まったくないというのに。

現に先月、私の飲み仲間の友人が44歳という若さで亡くなった。

美しい女性だった。

しかし、高校生の息子をひとり残して天国へと旅立った。

おそらく本人は、まだ自分が死んだとは思っていないかもしれない。

もうひとりの飲み仲間も、3年前にアラフィフで亡くなった。

私の妻が亡くなったのも58歳。

みんな1円の年金ももらわずに死んだのだ。

あなたが無事に60歳を迎え、年金を繰り上げ受給できる歳になったとしよう。

少ない年金でも、年金がもらえる歳まで生きてこれたことを、まずはお祝いしようじゃないか！

丈夫に産んでくれた親にも感謝だな！

自分は100歳まで生きられるとみんな思っているだろうが、現実はそうはいかない。

平均寿命の足を引っ張る人がいなければ、とっくに平均寿命は100歳を超えているだろう。うちの妻も平均寿命を下げたほうの人間だ。

老後の心配は「そのとき」になってからすればいい

この言葉は哲学者の岸見一郎《きしみいちろう》先生が、「老後の不安」についての相談に答えられた一文である。

まったくもって同感だ。

人生は総じて苦しい時も多い。

もちろん楽しいこともたくさんある。そうやって、若い時から困難を乗り越えて生きていくのが人生であろう。

決して老後だけが辛く苦しいわけではないと、岸見先生もおっしゃっている。

現に、ここにいる現役老人が言うのだから間違いない！　長生きできる保証などないのに、長生きしてしまったことばかり考えて不安になるなんて、当たらないガリガリ君を憂《うれ》いてばかりいるようなものだ。

ん？　ちょっと違う？

それよりも、今の生活の設計をしっかりとやって、いずれ訪れるかもしれない困難に備えておくほうに考えを巡らせよう。

困難がこなければ、それでいいではないか。少ない年金をあれこれやりくりしながら生きるのも、案外楽しいものだよ。

年金生活者の醍醐味だ。

そうは言ってもお金も必要

金融庁が年金以外に2000万円持っていないと生活できないなんて言ったもんだから、年寄りだけでなく若い人たちまで心配するはめになった。

しかし一番心配したのは、今まさに老後を過ごしている年金生活者の人たちだろう。

なんせ60歳の平均貯蓄額の中央値が1200万円なのだから、大半の方は2000万円なんて貯金はないのである。

じゃあ、老後の生活はどうする？

私は、もらえる年金の中で生活するしかないと思っている。

今日のYahoo!ニュースで、世帯年収が3000万円の方のインタビュー記事が掲載されていた。

その方によると、2000〜3000万円の年収では税金が高すぎて、裕福感はまったく感じないとのこと。

生活もごく普通で、服はユニクロ、車もコンパクトカーに乗っているとおっしゃっている。

よく話題にもなっているが、年収1200

万円くらいの世帯が一番貯金額が少ないという統計。

家賃が高額なタワマンに住み、いい車に乗って派手な生活が身についてしまっているため、貯金にはお金がまわせない人が多いらしい。

要するに、お金はいくらあっても足りないのである。

さすがに5000～6000万円の年収を超えるとそれも違ってくるらしいが、そういう方の生活を参考にしてもしょうがない。

いくら稼いでも足りないのであれば、今の収入で足りる生活ができるようになるだけのことである。

どうしても年金で足りないぶんに関しては、働くか、稼ぐ術《すべ》を若い頃から身につけておくこと。

仕事もなかなかないとはいえ、選ばなければ結構あるもんだ。

うちの隣のクリーニング屋だって、居酒屋だって、スーパーだって、いつもパート募集の張り紙が貼ってある。

賄《まかな》いがついている求人だってあるから、食費だって浮く！

みんなわざわざリクナビやマイナビみたいな、競争相手が大勢いるところで仕事を探しているからダメなのだ。

近所をちゃんと徘徊《はいかい》してみよう！

ハローワークなんかに行かなくたって、そ

こかしこに求人情報が貼ってあるから。

歳はとってもなんでもできる

お金を稼ぐ方法として私が一番おすすめするのは、年金をもらいながらフリーランスで働くことだ。

前にも書いたが、60歳を過ぎて会社に再就職したりすると、さらに年金を払う立場が続いてしまう。

なので、できるだけ若いうちから、ひとり立ちできるスキルを磨いておくこと。

これは絶対に、若いうちから考えておかなければならない。

私は、61歳でフリーのコンサルタントとして独立した。だから、コンサルの収入と年金の両方で生活をしている。

定年まで仕事を続けたサラリーマンのスキルはバカにできない。

自分では気づかないけれど、必ずそのスキルにお金を出す人たちがいるのである。

ずっとサラリーマンとして勤めた人が、定年後にフリーランスとして独立するというのは、なかなか勇気がいる決断かもしれない。

ケンタッキー・フライド・チキンの創業者カーネル・サンダースがフランチャイズ事業を始めたのは、60代半ばだったと思う。

それから世界を席巻《せっけん》したのだからすごい！

カーネル・サンダースの人形があんなにおじいちゃんなのも、理由がよくわかるというものだ。

浮世絵の葛飾北斎《かつしかほくさい》も90歳で亡くなる年に「あと5年あれば本物の絵描きになってみせたのに」と言ったとのこと。

先日北斎の遺作となった作品をテレビで見たが、それはそれは素晴らしい絵だった。

それでも北斎自身は、まだ半人前としか思っていなかったのだろう。

偉人が言う言葉は違う。

何かを始めるのにも極めるのにも、もう遅いということはきっとない。あるのは老後だからこそ広がる可能性だけだ。

スーパーマーケットエレジー

スーパーはエンターテインメント

この原稿を書いているのは２０２３年12月26日。クリスマスが終わって、もう一気に年末へと時間が流れだした。

先ほど、スーパーで買い物をして帰ってきたのだが、たった一日でスーパーの店内はクリスマスのデコレーションからお正月のデコレーションへと変わっている。

エモいな！

毎日21時まで営業だから、きっと深夜に棚の陳列から飾りつけまで変えてしまったのだろう。

惣菜コーナーに山積みされていたチキンは煮豆と栗きんとんに変わり、クリスマスケーキが積まれていた棚にはかまぼこが並んでいる。まるでエンターテインメントだ。

こうやって毎日足を運んでも飽きさせないスーパー側の手練手管《てれんてくだ》に、我々消費者はまんまと踊らされて、少ない年金はスーパーのレジへと飲み込まれていく。

私のいるこの地域は高齢者が多いので、年金はほぼ食材へと消えていくという老人がほとんどだろう。一歩引いて見るとちょっと悲しくもある。

ただ、それほどこのスーパーは、地域の住民の生活に密着しているのだ。

私も、たいした買い物がない日でもスーパーに行く。何か買うものがないか探してでも、スーパーに行く。

スーパーに行かないと一日が終わらない。もう完全にスーパーにやられている私なのである。

つうか、他に何もない駅なので、行くところといえばそのスーパーくらいのものなのだ。この界隈《かいわい》に住んでいる人たちは、私とほぼ同じことを言うだろう。

地域一番店であり、いつも店内は買い物客でごった返している。

私の買い物のルーティンは、スーパーに行く前に、まずパソコンでＷＥＢチラシを確認すること。当然だが、今日の特売品はチェックしておく。

だいたいが、その日の夕食の献立や翌日の朝食のメニューなどをあらかじめ決めておき、目的を持って買い物にいくことが多い。

この本を読んでいる方からはとても無駄な買い物のやり方だと言われそうだが、私は今日、明日の買い物しかできないのだ。

たとえば１週間分まとめて買い物をするという人であれば、月に四回しかスーパーに行かないので、おそらく無駄な買い物も減ると思う。

食費の管理もしやすいはずだ。

ところが、私の場合は歳をとったからだと思うが、今日食べたいものは決められても、明後日や３日後に食べたいものの想像ができないのである。

当然無駄な買い物も増えることになるが、もうそれは仕方がないと思っている。

だから毎日、今日食べるものを買いにスー

パーに行くことになるのだ。

年金泥棒め！

もちろん買い物メモは書いていくので、なるべくそのメモ以外のものは買わないつもりではあるのだが……。

この項の冒頭にも書いたように、スーパーのスタッフの販促の技術には、年寄りは敵《かな》わない。

そして、そのスタッフをまとめている店長こそがラスボス。あの店長が店内マイクを持つと自在に客は操《あやつ》られる。

あいつのマイクは恐ろしい武器である。

そして私は結局、メモにはない無駄な買い物をすることになる。

家の冷蔵庫に入っているものなどいちいち覚えられないので、いつぞや豆腐が6丁も冷蔵庫に入っているのを見た時には、さすがにビビった。

一度は私も1週間分の献立を考えて、無駄がないようにまとめて買い物をしようと頑張ったこともある。

しかし今度は、冷蔵庫を開けてもなぜこの食材があるのかが思い出せない。

いったい何を作ろうとしていたのか？

おまけにひとり暮らしだと、前日に作った料理はだいたいが残ってしまう。

結局、翌日も残った料理を食べていると、1週間も経てば作らない料理がほとんどなのだ。

冷蔵庫はまだいい。

冷凍室に入れて一度凍らせたものは、季節

が変わる頃にしか発掘されない。

そんなこんなを繰り返して、また私は一日分の買い物をしにだけスーパーに行くというシステムに戻ってしまうのである。


逆に、今日食べるぶんだけ買い物をするというのは、ひとり暮らし……特に老人のひとり暮らしだと、そっちのほうが無駄がないのではないか？ という説！

さらに1週間分の食材が、ひとつのエコバッグに入りきるというのはまずありえない。

エコバッグをいくつも持つなんて老人にはとても無理！

さすがにまだシルバーカートを押して歩くという年齢ではないので、否が応でも担《かつ》いで帰るしかない。


いや、それは死ぬ。

また、老人にとっては、毎日外に出て歩くというのは健康にもいいいんだと思う。

で、今日も私はせっせとスーパーへと向かうことになる。

このスーパーのスタッフたちは、みな笑顔で愛想《あいそ》がいい。

とにかく教育が行き届いている。

そして若い。

年金泥棒め！

素敵な笑顔をしやがって。

でも、かわいい女の子からあの笑顔で「いつもありがとうございます！」と言われれば、一日一回と言わず二回でも三回でも行ってあげたくなるものだよ。

それな！

年金を5倍にすれば経済も5倍に成長する件

お金って使うもんでしょ?

紀元前に、現在のトルコで考え出された世界最初のお金。

そのお金は貯め込むために発明されたものじゃなくて、ものを買うために発明されたものであることに説明の必要はない。

それなのに、老後までに2000万円も貯めておけと金融庁が言い出すものだから、日本人の個人の金融資産はなんと2000兆円を超えた。

現金、預金だけでも1100兆円というから凄《すさ》まじい。

そして日本人は、死ぬ直前に貯金が人生最高額となって死ぬそうだ。

幸!

じゃねえよ!

私には、笑えないジョークにしか聞こえないぞ。

日本にあふれかえるミニマリストたち……。欲しいものも買わずにアリのように働き、リスのようにせっせと貯金に励む。

もはや金とどんぐりは同じようなもの!

そして死に際に「貯金がいっぱいあるわ~!」って、それで本当に君たちは幸せなのか?

お金って、ものを買うためにあるっちゅうのに。

私は、欲しいものは買うことにしている。

まあそれでも、若い頃よりも物欲は少なくなったと思う。

なぜなら、仕事もしていないただの年金暮らしだから、買いたくても稼いでいた頃のようにはいかないのは当然！

それでも、今さらお金を貯め込んで、死ぬ間際の貯金最高額を目指すつもりはさらさらない。

酒に消える年金

私が何に一番お金を使っているか考えてみると、やっぱり食費に一番お金を使っていると思う。

特に酒だ。

外に飲みにいくことは減ったが、それでも家で飲む量はまったく減っていない。

それどころか中性脂肪の数値が、人生初の1000オーバーをレコードしたほどだから酒量は増えたのかもしれない。

仕事をしていた頃は、一応翌日のことも考えながら飲んでいたからな。

しかし年金暮らしの今は、
毎日がサンデー！

死ぬまでホリデー！


明日二日酔いで朝からゲロっていても、誰にも迷惑などかけないのだ。

そりゃタガがはずれるわな！

むしろ明日生きているかどうかすらわからんのだから、毎日これが人生最後の酒かもと考えると、やっぱもう一杯飲んでおこうとなるのは仕方がない。

結局酒かい！

そして、酒の次にお金を使っていると思われるのは、おそらく温泉とスーパー銭湯！

温泉旅行は年に二度ほどだが、日帰りの温泉やスーパー銭湯には月に一、二度は必ず行く。

とはいっても、風呂だから健康にもいいじゃないか。

ただ、入浴料は１０００円前後としれているのだが、お風呂上がりの酒にお金がかかる。

結局酒かい！

だいたいのスーパー銭湯にはお食事処が完備されているが、風呂上がりなものだから、ビールもいつもの中ジョッキではなく、どうしてもメガジョッキで飲みたくなる。

ビールの次はハイボールのメガジョッキ！

う～む。

風呂は本当に体にいいのか……？

この歳でも服が欲しい

あと目立って出費が多いと思うのは、私の場合やっぱり洋服だろう。

歳の割には、服を買っているほうだと思う。

ただ、どれもこれもプチプラだから、できる範囲でファッションを楽しむというところだろうか。

かわいらしいものだ。

お店で買うことはほとんどなく、ほぼネットで買うのが当たり前になっている。

ネットだと当然サイズ感がイマイチとか、

色見がちょっと違ったというようなことが必ずある。

しかし、そういうのも含めてネットで服を買う楽しみになっている。

どうしても気に入らなければフリマアプリで売ったり、ZOZOであればいつでも下取りしてくれるから、まったくの無駄ということもない。

着たい服があるということは、どこかに出かけたいという行動にもつながる。

歳をとって出かける機会がだんだん減っていくけど、ファッションはそうやって心も体も動かしてくれるのだ。

季節が変わったなら、久しぶりにあなたも新しい服でも買って、おでかけしてみてはいかがだろうか。

年金5倍でも使いきってみせる！

こうやって私は、いただいた年金は余すことなく使いきっている。

つうか、毎月ほぼ赤字だ。

年金なんて残せるほどの額じゃないのは、世の中の老人はみな知っている。

もらったら使いきる！　だな。

もし年金が2倍になったら……。

私は1円も残さず、毎月使いきってみせよう！

2倍くらいなら簡単に使いきれる。

いや、おそらく5倍になっても使いきる自信はあるな。

もしかすると年金が5倍になれば、経済も

5倍まわるようになるんじゃないかと私は思っている。

若い頃は、将来のために貯金するのもやむをえないが、もうあとは死ぬだけの老人であれば元々少ない年金だ。

たかだか5倍もらったところで、風呂に入って酒をかっくらってぜ～んぶ使いきってみせようじゃないか！

政府は選挙前になるといつも金をばら撒《ま》こうとするが、どうせばら撒くなら我々老人の年金を5倍にしてみろ。

一番票が多い層だぞ。

そして一番貯金しそうじゃない層でもある。

ばら撒きがいがあるじゃないか～。

そして、死ぬ間際が一番貯金額が多いと言われた日本人は、死ぬ間際が一番ものであふれている日本人に変わる。

使わないお金が貯まるよりも、好きなものに囲まれて死ぬほうが断然幸せだ。

どうせあの世には何も持っていけないのだから。

第4章

老後は小さく豊かに暮らす

老いの美学

ジブリ映画『紅《くれない》の豚』に学ぶ

「老い」を美しいと思っている人は誰もいないだろう。

だから、永遠の若さを保ちたいと努力をするし、お世辞にも「若い」と言われたりすると狂喜《きょうき》する。

しかし、どんなに若造りな格好をしても、若いのは首から下だけ。

重力と寄る年波《としなみ》には誰も勝てないのだ。

ただ、それは見た目だけのことである。

歳をとるということは、見た目には枯れていくが、人としての美しさは別物だと、私は思っている。

禿《は》げ散らかした頭部にたるみきった腹。

顔に刻まれたシワはもうどうしようもない。

老いたのだから。

ただ、これまでの生きざまや経験。学問ではなく、世間や社会から学んだ多くのこと。たくさん許してきたこと。

弱い人に肩を貸してきたこと。

そういった自分の人生を彩ってきたすべてのことが、人としての厚みとなり、老いても魅力のある人間をつくると思う。

美学とは、美しさの本質を追究する学問のことである。

本質を追究すると、美しさとは見た目だけのことではないはずだ。

私の大好きなジブリの映画を観るといつもそう思う。

ポルコ・ロッソの生き方

ジブリ映画『紅の豚』の主人公ポルコ・ロッソは、見た目は髭《ひげ》をはやした豚である。

映画をご覧になった方も多いと思うが、ポルコ・ロッソは、自分で自分に醜《みにく》い豚になるように魔法をかけた。

本当はまだ30代のイケメンパイロットなのだ。

豚になった理由はわからないが、おそらく戦争やいろんな人間のしがらみから距離を置きたかったのではと思う。

ひとり、地中海のアドリア海に浮かぶ小さな孤島で、世捨て人のように暮らすポルコの姿に、私が老いさらばえた後の自分の生き方を重ねてみる。

ポルコの本名はマルコだ。

しかしマルコと本名で呼ぶのは、ホテル・アドリアーノの女主人ジーナだけ。

マルコは名前すら捨ててしまったのだ。

マルコと呼ばれていた頃は、イタリア空軍のスーパースターだった。

若い頃に輝かしい栄光を手にしたマルコも、今では昼間からワインを飲み、ラジオを聴きながら昼寝するただの豚。

過去の栄華《えいが》を自慢することもなく、隠遁《いんとん》生活に身を落としたことを憂うわけでもない。

たまにアドリア海に出没する悪党を捕まえ

ては、賞金を稼ぐという日々だ。

まるでどこかの国の年金生活者のような暮らしに見えてくる。

しかしそのどこかの国の老人には、美のかけらもないような人がたくさんいる。

若者の味方をするわけではないが、どんな生き方をしてきたのかと聞きたくなる同年代がやたら多い。

若手社員に自慢話をする年配上司。

若い人への頭ごなしのハラスメント。

店員さんに威張《いば》り散らす老人。

自分を曲げない頑固じじい。

そんな高齢者が多いのにうんざりする。

過去の名声など忘れよう。


自慢話などせず、人に迷惑をかけず、ただ自分の自由な時間だけを好きなように使わせてもらう。

老いて醜くなる自分も自分だ。

最後まで愛してあげよう。

ここはアドリア海ではないが、小さな部屋でひとり静かに酒を飲みながら老いを楽しむ。


孤島のマルコのように……。

そして私が死ぬ時は誰の記憶にも残らずに、老木が朽《く》ち果てるようにこの世から消え去りたい。

追記

ポルコ・ロッソの意味は『紅の豚』。

アニメでは飛空艇《ひくうてい》の戦闘シーンや、アメリカ人と賞金稼ぎの対決シーンなど、見どころ満載の映画となっている。

しかしそのサブストーリーでは、ポルコとホテル・アドリアーノの女主人ジーナとの恋の行方も見逃せない。

ジーナは未亡人だ。

亡くなってしまったご主人はポルコの戦友。

しかしジーナは、その友人と結婚する前からポルコのことが好きだった。

ポルコもまたジーナのことが好きなのだが、お互い好きだと言えないまま時は流れる。

側で見ていてイライラするくらい、大人のくせにピュアなふたりなのだ。

「とっとと好きだと言って、チューくらいしろ!!」と声を荒げたくなる。

これはジブリのアニメ映画だが、生身の人の人生もまた映画のようだ。

ただ、映画のようにもう一度見ることはできない。

友だちはいらないとずっと思っていた

変人なのか？

きっと私は変人なのだろう。

50代あたりから、ずっと友だちはいらないと思って生きてきたから。

事実、亡くなった妻にも折に触れ、そう話していた。

なんか今の世の中、友だちがいないというだけで白目をむいて驚かれそうだ。

ただ、私が50代の頃は人気ブロガーだったので、飲み会をやると一声かければ、すぐに50人から100人くらいは人が集まった。

私の飲み会にはイギリスやアメリカなどからも参加する人がいて、実にワールドワイドな顔ぶれだった。

お酒好きばかりが集まるので、お店にある酒をすべて飲み干したということもあった。

みんな仲のいい友だちだったし、何度乾杯したかわからないほど一緒に酒を飲んできた。

しかし、その友だちがいないと何か不都合があるかといえば、まったくそんなことはない。

シラフで会うことなんてないので、本当にただの飲み友だちである。

みんな酔っ払っているところしか見たことがない。

友だちってなんだろうな。

当時は、家族がいればそれでいいと思っていた。友だちと飲んでいるより妻と飲んでいたほうが楽しいし、今でも妻が一番の飲み友だちだと思っている。

そして妻の死後は、今度は娘が飲み友だちとなった。娘もまた親に似て、酒好きで強い。

ある時、娘のInstagramのハッシュタグに「#お父さんが一番の飲み友だち」と書いてあるのを見つけて笑った。

友だちおらんのかい！

きっと、うちは家族が友だちだったのだ。

誰よりも仲がいい飲み友だち。

飽きないし楽しいし気も遣わないし、飲みすぎてつぶれたところでほとんど家の中だし。

それに、今や私も年金生活者。

いつまでも、現役時代のように飲み歩いていては金がもたない。

年金生活になれば、真っ先に削られるのが交際費だろう。

だから老後になって、ますます友だちとの付き合いが減ることになる。

ただ、ＳＮＳではつながっているから、みんなが元気でいる様子はＳＮＳを見ればわかるのだ。

付き合いは減っても、みんなが元気でいて

くれればそれでいい。

社会とつながるってどゆこと？

今、孤独に悩む若者や老人が社会問題となっている。

イギリスと日本には孤立・孤独対策担当大臣ができたほどだから、よほど深刻なのであろう。

おそらくだが、日本とイギリスは、超高齢化社会や少子化などの社会問題も似ているのかもしれない。

さらに、友だちという人のつながりだけでなく、社会とのつながりが希薄《きはく》になることで、よりいっそうの孤立化が進むと、いろんなところで書かれているのを目にする。

どうもわからんな〜。

社会とつながっていなければならないとは、どういうことなんだろう。

今更だが、社会性などという言葉の意味もよくわからない。

どうやら、本当に私は変人らしい。

社会とつながるという状態や必要性が、よくわからないのだ。

だから、社会とつながっているという感覚もまったく感じない。

しかし、それで何か困っているかと聞かれても……。

何も困ってない。

社会とのつながりなどそんな難しいことを考えなくても、社会で起きていることは

Yahoo!ニュースが教えてくれるし、わからないことがあればグーグル先生に聞けばいい。

料理は「クラシル」か「白ごはん.com」で調べて、買い物はAmazonとZOZOとネットスーパーがあれば大抵のことはすむ。


ビールが飲みたければいつものビアバー。

料理したくない時は出前館。

うまい魚は下高井戸駅前市場で売っているし、お惣菜はオリジン弁当がうまい！


区役所から定期的に健康診断の案内は届く。

税金を払うのも年金をもらうのも、コンビニがあれば全部終わる。

暇な時はAmazon Primeで映画を観るか、スマホアプリでキャンフレ。


お姉ちゃんのいるところで飲みたければ、三茶がいつでも私を待っていてくれる。

はて？

社会とつながらないと何が困るのか？

誰か教えてくれ。

追記

私の友だちのようだった家族は、もう誰もいなくなってしまった。今は、お散歩友だちのゆいまるくんがいるだけだ。

しかし！

それでもやっぱり友だちはいらないな。

ひとりで酒は飲める。

家族との思い出をつまみに。

ファッション大好き親父

かっこいいことはかっこ悪い

この言葉を知っている人は、私と同年代で関西フォークにハマった人だろう。

元ジャックスの早川義夫《はやかわよしお》のアルバムのタイトルが、この言葉だった。

「かっこいいことはなんてかっこ悪いんだろう」

当時、私は高校生だっただろうか。

今はすっかり親父となった私だが、実は中学の頃からファッションが大好きだった。

男性ファッション誌の『MEN'S CLUB』（ハースト婦人画報社）の「街のアイビーリーガース」というコーナーで、私が歩いている姿が掲載されたこともある。

当時は、アイビーやトラッドファッションの全盛時代。

それで私もアイビー小僧だったのだ。

もちろん服なんて買ってもらえないので、アルバイトの給料はほとんどレコード代と服代に消えていた。

そんなファッション大好き高校生が、この早川義夫のジャケットタイトルを見た時に、いったい何を言いたいのかさっぱりわからなかった。

いや、実は今でも何を言いたいのかはよくわからないのだが、それでもこの言葉の強烈なインパクトには衝撃を受けた。

だってかっこよくなりたいからおしゃれをしていているわけで、それがかっこ悪いと言われれば自分は何をやってるんだとなってしまう。

この言葉が主観的な言葉なのか、あるいは客観的な言葉なのかでも、ずいぶん意味は変わってくる。

私が勝手に解釈しているこの言葉の意味は、かっこよく見せたいという下心が透けて見えてしまうファッションはかっこ悪いなということ。

要するにかっこよさとは、主観的な勘違いではなく、客観的に周りからかっこいいと思ってもらえるようなファッションが、おそらくかっこいいということなのだろうという結論だ。

親父のファッション哲学は、10代の時に知ったこの言葉に集約される。

この言葉を知ってから、私はあまりかっこよくありたいと思わなくなった。

ではどうするか。

「私らしく自由でいよう！」

若い頃から親父になってしまった今に至るまで、そのスタイルは変わらない。

好きな服を年代やＴＰＯなど無視して着る。着たい服を着て自由でいることが、一番心が開放される気持ちになる。

ところが、サラリーマン人生において、この親父のファッション哲学は風当たりが強かった。

むしろ、ずっと向かい風の中を歩いてきた

と言っていい。

日本人の社会には、普通で常識的であることがよしとされる空気が流れている。

その代表的な場所が、会社組織という場だ。

「役員会に、海に行くようなかっこうで来るのはやめてください」と、何度総務部長から注意されたかわからない。

しかし、私は意思を貫《つらぬ》いた。

サラリーマンだからスーツを着るというのが、この世でもっとも嫌いなことだ。

普段、Tシャツとジャージで過ごしている私からすれば、スーツは正装である。

会社に正装で行くというのは、おかしくないか？

正装とは、結婚式とか何か「式」と名がつくような行事の時にするものだ。

会社の仕事は毎日が行事なのか？

私が屁理屈《へりくつ》をこねると総務部長は、「やれやれ」と困った子どもを見るような顔で私を見る。

今ではどの会社もかなり自由になったと思うが、昔は世のサラリーマンはみな、制服のようにスーツを着て仕事をしていたものだ。

だから、親父はファッションセンスがないと言われることになる。

老後こそ好きなファッションで

老後を好きな服で過ごす。

老人には時間がない。

残りの人生は、好きな服を着て自由に生き

たいのだ。

中学時代から今まで相変わらずファッションが大好きだが、それでも多少は大人のファッションを心がけようとは思っている。

私が服を選ぶ時に気をつけるのは、小物との色合わせ。

上から下まで、あるいはトップスとアウターまでを同系色でまとめることは絶対にしない。

できれば反対色で、コントラストの強いコーディネートをしたがる傾向にある。

2、3年ほど前までやっていたZOZOのコーディネートアプリ「WEAR」にもコーディネートを上げていた。

なんでもやりたいお年頃？

60歳を過ぎて「WEAR」をやっている人はほとんどいない。

我ながらほんと好きなんだと思う。

自分で自分が面白い。

先ほど小物との色合わせと書いたが、服の色に合わせて小物の色を探すのは割と大変なことだ。

たとえば、シャツの色に合わせてメガネを選ぶとする。

メガネの色は限られているから、それを探すのは限界がある。

しかし、メガネの色に服を合わせるのは簡単である。

服の色は無限にあるから。

そうやって小物や帽子、靴の色などに合わ

せていくと、簡単にまとまりのある上級コーデができあがるというわけだ。

たとえばこんな感じ……。

帽子とトップスの色を合わせるのは、誰でもやること。

しかし、帽子とメガネの色合わせをやっている人はあまりいない。

同じブルーでも、なかなか同色というのは見つからないものだ。

さらにそれがジュエリーとなると、相当なファッショニスタじゃないとそこまでやる人はいないだろう。

ドン小西でも無理！

ブレスの色もそうだ。

小物の色だけがそろっていたりすると、それを見つけた人はすごいおしゃれと思ってくれる。

黒の服はあまり持っていないが、カラフルな色を着ていても黒の小物はしまるので、使い勝手がいい小物になる。

グリーンも同じ色を探し出すのは難しい。

このTシャツは、コンバースのスニーカーの色に合わせて先週買ったもの。

靴も服の色に合わせるのは難しいが、靴の色に合わせて服を探すのは簡単！

ホワイトコーデ。

これに合わせるパンツは黒かジーンズだな。

時計の色に合わせて買った、TKO木下がプロデュースしている「BUCCA」というブランドのTシャツ。

木下がパワハラの問題で消えてしまったので、今や幻《まぼろし》のブランドになりつつある。

金赤のスウェットに合わせるのは、中古のタイヤのチューブで縫製《ほうせい》された「SEAL」のバッグ。

朱色も数が多いから、なかなか合わないものだ。

世の親父のみなさま。多少ファッションの参考になっただろうか。

歳をとると、明るい色の服がいいとよく言われる。私もそう思う。

モノトーンは色のアクセントとして使う程度にして、できればカラフルな服でコーディネートを楽しんでいただければ、気持ちも明るくなるはずだ。

今さらかっこよくなる必要はない。好きな服を着て自由に生きることこそが大切だ。

私は毎朝、パソコンに電源を入れると同時にお気に入りのバングルをつけて、メガネを変え、部屋でビーチサンダルを履いている。

ファッションは、自分がどこにいようが自由に遊べるのがいい。

アシュタンガヨガ

体力の衰《おとろ》え

朝起きてカーテンを開けると、夏の日差しが目に入る。

緑内障の目には、ちょっと痛いほどの眩しさだ。朝から天気がいいと、実に気分がいい。気分がいいと体が動く。

老後の生活は運動する機会が減るので、天気のいい日はなるべく体を動かしたい。

しかし60歳を過ぎると、肩だったり腰だったりいろんなところが痛くなる。

その痛みも、なんだか天気によって違う気がするのは気のせいだろうか？

歳をとると、あからさまな体力の衰えに怯《ひる》んで、やたら走ってみたりエスカレーターを使わず階段をかけ上がってみたり、風呂上がりにスクワットしたりしてみたくなるのが年寄りの世の常。

そういう私もある日のこと、いつもの「めざましテレビ」を見ながら歯磨きをしていると「なんか歯磨きがだる～！」と急に感じた。

歯磨きって、さほど重労働でもなければ、有酸素運動でもない。

むしろ、物心ついたばかりの幼児だってルーティンでやっているじゃないか！

その歯磨きがだるいって……。

まさに体力の衰えを実感した瞬間だった。

歯磨きすらだるいなら、飯を食うのもきっ

とだるくなって、そのうち寝るのもだるいってなるのかも！

ケン・ハラクマ？

老後あるあるじゃないけど、これは何か運動しないと、そのうち晩酌のビールすら点滴になってしまう！

ということで、すぐに検索して見つけたのが、この見出しのアシュタンガヨガだ。

アシュタンガヨガを知っている人は、すでにこの老人の男がアシュタンガヨガを？　と思ってびっくりされているに違いない。

そもそも、なんでアシュタンガヨガにたどり着いたかというと、ヨガといえばホットヨガの「ＬＡＶＡ」だろ！　と思って一番近いＬＡＶＡに電話したところ、男性は受けつけていないとのこと。

それで、さらにご近所で奥様連中が通っているような、ゆる〜いヨガ教室がないか検索したところ……、あった。

それがアシュタンガヨガの教室だったのだ。それも日本でのアシュタンガヨガの最高権威《けんい》であるケン・ハラクマ先生のご自宅の教室。

私はもちろんそのケン・ハラクマ氏の名前も知らないし、当然アシュタンガヨガが何かも知らない。

誰もがやっている、あのゆるーいヨガのイメージしかないのである。

それがたまたまご近所に教室があるという

ことで、ろくに調べもせずに入会してしまったのだ。

レベル100の世界

まるでダイエットのためにとボクササイズをやるつもりが、帝拳《ていけん》ジムの門を叩いてしまった私を想像していただきたい。

そして興味のある方はアシュタンガヨガがどんなヨガなのか、一度検索してみていただければと思う。

とにかく数多くあるヨガの流派（?）の中でも、もっともハードで過酷《かこく》なヨガといえばいいだろうか。

まず、最初に教室に入って感じた違和感……。

お約束の、セレブな奥様連中がいない。

ダイエッターのOLもいない。

いるのは、明らかにどこかのヨガ教室で先生をやっていますという風態、コスチュームの筋肉美女ばかりだった。

そこにものすごーく場違いなおっさんが、着古したジャージ姿で立っているという異様な光景に、一番驚いたのは若くて細くて笑顔のかわいい先生だっただろう。

「今日から新しく生徒になられた、ぺこりーのさんです〜！」

という先生のありがたいご紹介に、失笑をはるかに超えた冷笑が静かに教室の空気を揺らした。

まあ、ヨガがスタートするまではそんなことはどうでもいい私だったが、いざヨガがスタートするとマントラを唱え、太陽礼拝《れいはい》が繰り返され、1秒も休むことなく1時間半も延々と続くレッスンに、いかに歯磨きが楽だったか思い知らされた。

それでも、2カ月ほど続けただろうか。

というか、チケットを10枚まとめて買っちゃったので行くしかなかったのだ。

厳しいレッスンになんとか耐えた私だったが、結局は体のほうが悲鳴をあげ、ついに崩壊した。肘《ひじ》と膝にギブスをはめることになり、ヨガどころかパソコンすらできなくなってしまった。

若い頃は無茶でもなんでもないことが、歳をとるとたいへんな無茶になり、逆に体を壊すことになりかねない。

結局私はアシュタンガヨガをやめ、歯ブラシを電動のものに買い替えた。

最初からそうしろよ〜。

五十肩エレジー

60代になっても五十肩

今朝、目が覚めたらいつもの五十肩が痛かった。最近だいぶよかったのに、今朝は痛い。しかし、この五十肩が治らないのは私のせいだ。

あまりに痛いので、整形外科に行ってレントゲンやMRIの検査を受けた。

そうすると先生曰く、「ただの五十肩だったんですが、肩の腱《けん》が切れてますね」とのこと。

「ええ～！　肩の腱が切れてるって、それじゃあ手術ですか？」と聞くと、先生は「いえいえ、痛み止めの注射を肩に打って、リハビリすれば自然に治りますよ」と呑気《のんき》な返事。

五十肩とは、正式には「肩関節周囲炎」という病名だそうだ。

そう！

ただの炎症にすぎないのだ。

しかも50歳だからなるわけじゃなく、60歳過ぎてもなる！

それにしても、なぜただの五十肩だったのに肩の腱が切れてしまったのか……。

実を言うと、私がよく行く街の素人マッサージ屋さんで、肩をグイグイ伸ばしてもらったのが原因であることは、私にはよくわかっている。

いつもの担当のマッサージ師さんは、体は

細いがめっぽう力が強い。

その力に任せてグイグイやってもらったものだから、切れちゃったんだな。


その日も、朝起きたら肩が痛かった。

回数券があるし、今日は予定がないからと思って、いつものマッサージ店に行った。

そしていつものマッサージ師さんに肩が痛いから揉《も》んで～と軽い感じでお願いすると、マッサージ師さんがゴリゴリ揉み始める。

そして「次はストレッチです」と言いながら、今度はグイグイ伸ばす。

「まだいけそうですか？」とマッサージ師さんは言いながら、さらにグイグイ伸ばす。

「イタタタ……、いや、もう、もう、もう……」

「もっとですか？」

では！

トゥリャアアアアアア！！！！！！

ピキッ。

切れた。

「もうやめて」って言おうとしたのに、痛くて声にならなかったのに、なのにあいつが力任せに引っ張るから、てぃっきしょ～！

マッサージ師さんは、客が痛がるとなぜか喜ぶ人が多い。

嬉しそうに「痛いっすか？」と聞いてくる。

痛がるとさらに攻めてくるから、ここで

「もうもう」言っていないではっきりと「痛いからやめて！」と叫ぶのだ。

もしこの本の読者の方で五十肩と診察された方がいたなら、ドSな素人マッサージ師がいるお店にはできるだけ行かないほうがいいと忠告しておこう。

行くべきは整形外科、そう病院だ。

サロンパスとか貼って頑張っている人も無駄だからね。

通院のモチベ

実は、今日は朝から病院に行く日。

整形外科ではなく、かかりつけの内科のほう。

歳をとると、Googleカレンダーには病院とゴミ出し日の予定しか入っていない。

内科に行くのは、いろんなお薬を飲んでいるので薬の処方をしてもらうのが目的である。

処方箋をもらう以外にもうひとつ病院に行く理由があって、実は私は血液検査が大好きなのだ。

多い時は、月に二度も血液検査をしたことがあるほど。

なぜ、そんなものが好きなのかというと、その理由は血液検査は裏切らないからだ。

そう！

努力をすると必ず答えてくれるのが、血液検査なのである。

たとえば、昨年から週に一回の休肝日を始めたところ、なんとγ-GTPが3分の1の数値になり正常値に！

いや〜、私の過去40年間で酒を飲まない日がいったい何日あっただろうか……。なのに、休肝日という定期的に酒を飲まない日をつくれるなんて、俺すごい！

どれだけ飲み友だちに自慢したことか！

最近は、馴染みの看護師さんも、私が血液検査が好きなのを知ってくれているから、

「今日はちょっと多めに採血しておきましたよ〜」

などと言って喜ばしてくれる。

そこじゃないんだけどね……。

そして血液検査の日は、朝ご飯は食べない。

なぜ朝ご飯を食べないかというと、それは中性脂肪の数値を正確に測りたいから。

中性脂肪は血液検査の前の食事が大きく作用するので、検査前12時間は何も食べないほうが正確な数値がわかる。

昨日は18時以降は水しか飲んでないので、検査するまでの絶食時間はすでに15時間以上は経っていることになる。

この原稿を書いている間も、もうキーが打てないほどお腹ペコペコだ。

お腹がすくと力が出ないよ〜。

アンパンマンか！

可能なことがどんどん不可能になるけれど

不可能が可能に

今では当たり前になってしまったが、私が若い頃はテレビ電話ってまだ不可能の領域だった。

そんなことができるようになるには、あと1000年くらいかかると思っていたが、なんと自分が生きているうちにテレビ電話は当たり前になってしまった。

しかも、今や仕事も、テレワークやリモートワークと呼ばれ、テレビ電話が当たり前になってしまっている。

現に、私も仕事のほとんどはZOOM会議だ。おまけにLINEでもメッセンジャーでもテレビ電話は無料が当たり前。

私が1000年も生きたわけでもないのにこんなことが実現するとは、技術の進歩ってあらためてすごいと感心する。

他にも車の自動運転とか、AI、VRなど、昔だとタイムマシンレベルで未来の発明と思っていたものが、ちゃんと価格がついて売られているのだ。

つくづく長生きしたものだ。

もはや技術の革新は時間だけの問題となり、現在不可能なことは近未来ではすぐに可能になってしまうに違いない。

そうなると、人間の永遠のテーマとなるのは「老い」。

もしかすると、それほど先ではなく数年後くらいには、この「老い」という不変的なテーマも解決されてしまうのではないだろうか。もう人が老いることがない時代。

こんなシニア本なんて誰も読まないのだ。五十肩という言葉もなくなり、ホテルのシニア割りもなくなる。

シルバーシートは、もはやレガシー。

老人ホームって何のこと？

体は老いる、心は晴れる

さすがにそんな時代は、私が生きている間にはこないだろう。

なので、私はどんどん老いる。

老いることで不可能になったことがたくさんあるが、若い頃には想像できなかったようなこともある。

たとえば、いつも私が痛いと言っている五十肩。

なったことがない人には、きっとこの痛みと不便さはわからない。

とにかく肩が上がらないので、棚の上のものが取れないとか、背中がかゆくてもかけないとか、お風呂で背中が洗えないとか……。

五十肩のおかげで、私の背中は地球の裏側の南米よりも遠い場所になってしまった。

それにしても、なぜか手が届かないところだけがやたらとかゆくなる。

他にも、老眼で近いところが見えないのは当然だが、片足で立って靴下が履けないとか、インターホンの声が聞こえないとか、おしっこが近いとか、おしっこ専用になってしまった私のビッグマグナムも、若い頃には活躍したものだが今では●※▲$%&■?¥だ。

それにしても、歳をとると体ってこんなふうになるのかと、それを実感することはなかなか面白い。

もっとどんどん動かなくなって、いずれからくり人形のようにカクカクと操られながら、シルバーカーを押して歩くようになるんだろう。

体は否応なしに老いる。

でも心はというと……、

何度も言うが、錆《さ》びて動かない体と違って心は老いることで悩みも消え、いろんなストレスから解放されて、人生で初めて味わうような晴々とした気持ちで過ごせるようになる。

多少の悩みはあるのだろうが、思考力も弱っているので、深く考え込むことができないのだ。

こうやって私は、押し寄せる老いをのらりくらりと交わしながら、電池が切れるまで生き続けるのだろう。

竹内結子さんが亡くなった理由は自殺らしいが、体が錆びて動かなくなるまで、なんとか生きてみればよかったのにと思う。

心は晴々と解放されて、もっと長生きしようと思えたかもしれない。

妻は「死にたくない」と私に言いながら死んでしまったが、命を自分から捨てるくらいなら妻にもらいたかった。

居酒屋放浪記、私が愛した名店

山口瞳《やまぐちひとみ》

私は居酒屋が好きだ。

最近はビアバーしか行っていないようにみえるが、それはこのコロナ禍のせいであまりウロウロできなかったからである。

まあクラフトビールは大好きなので、たまたまクラフトビールのバーが近所にあるのは運がよかった。

私の好きな居酒屋は、歴史のある個人店である。だからといってタイトルに書いた「居酒屋放浪記」という番組は見ない。

私がテレビで見ている飲み歩き系の番組だと、作家の太田和彦《おおたかずひこ》さんのものは欠かさずに見ている。

あまり飲まない日本酒も、太田さんがいつも美味しそうに燗酒《かんざけ》を飲んでいるのを見て、たまに居酒屋で飲むようになった。

太田さんは、飲み方に品がある。

酒のうんちくも勉強になる。

そして私が若い頃に読んだ『酒呑みの自己弁護』（ちくま文庫）という本があるのだが、このエッセイを書かれた山口瞳さんには、酒飲みとしておおいに影響を受けた。

山口瞳さんは、サントリーの宣伝部でコピーライターをされていた方である。

そう書くと、コピーライターが本業のよう

に聞こえるが、この方は直木賞を受賞されている著名な小説家である。

『酒呑みの自己弁護』という本は、山口さんが各界の著名人と酒を酌み交わしたエピソードを一冊の本にまとめたものだ。

しかしその飲みっぷりが素晴らしく、登場人物のみなさんもやたらと酒豪ばかり。

しかも、それだけお酒を飲んでもみなさん飲み方がたいへんきれいで、お酒で醜態《しゅうたい》を晒《さら》すというようなシーンはどこにも出てこない。

その本を読んでからは、私もお酒はきれいに飲みたいと思って今も実践している。

私が今まで一番お酒がうまいと思ったのは、実は居酒屋でもどこでもない。

人工関節の手術で京都の病院に入院していた時に、妻に頼んで家から持ってきてもらった焼酎を、看護師さんに隠れて飲んだ時が一番うまかった！

外科病棟の患者は、内臓の疾患とは違って、怪我や外科の手術が終わればだいたい元気である。

なので、私がいた6人部屋の大人たちは、毎晩みんな隠れて各々好きな酒を飲んでいた。

いや、隠れて飲んでいたのだが、看護師さんたちはみな知っていた。

看護師さんが夜見回りに来て、私たちの病室に入ると「ここが一番酒臭いわよ！」と叱られていたから……。

術後1カ月は酒を絶っていたし、それにバレていたとはいえ隠れて飲む酒というのは、格別にうまいということをあの時知った。

体育館の裏で、隠れて吸ったタバコの味。

親に隠れて見るエロ本。

どれも格別なモノらしい。

もちろん人に聞いた話である……（ゴホッゴホッ…）。ちょっと変な咳が出る。


毎晩夕食の時間になると、病室のおっさんたちが車椅子で、廊下の一番奥にある共同の冷蔵庫へ向かって一斉に走り出す！

みな晩酌のお酒を取りに向かうのだ。

カーブでインをとった者が、だいたい1位となる。

頭に包帯を巻いている者。

足にギブスをはめている者。

とても怪我人とは思えないシャープな走りで、みな冷蔵庫を目指す。

パラリンピックか!!


自分の酒のボトルには、間違えないようにマジックで名前が書いてある。

本来ならお見舞いにもらったフルーツなどを冷やしておく冷蔵庫なのだが、もはや酒以外に置けるスペースなど1ミリもない。


みな病院に入院しているというのにとんだバカ野郎だが、愛すべき病室仲間だった。

思い出に残る名居酒屋

いい居酒屋の情報があれば、どこまでも遠出して飲みにいっていた。

当時はグルメブログをやっていたのでそれ

もあるが、好きな居酒屋に出合えると無上の喜びがあった。

いいお店というのは、美味しいお酒や酒の肴《さかな》がそろっているだけではダメだ。私が思ういいお店とは、お客がそのお店の雰囲気をつくっていると思う。客筋を見れば、いいお店かどうかだいたいわかるものだ。

先日ある海外ブランドの広報をやっている友人の女性に、京都のあるお店を教えてあげたら、ちゃんと着物を着てひとりで昼間から熱燗を飲んでいた。

Instagramに私へのコメントがあったので気づいたのだが、そのお店がここだ。

【たつみ】

四条河原町にあって、歴史のある居酒屋。昼間から着物を着た粋なお姉さんが、立ち飲みで日本酒を飲んでいる。

私も何度も通ったが、ここの白子の天ぷらがうまい！

この界隈の路地には新しいお店がどんどんできているが、このお店は変わらない風情でいつもお客さんがいっぱいだ。

他にも私が惚れたお店がたくさんあるが、いくつかご紹介しておこう。

【カッパ】

こちらは吉祥寺にあるもつ焼きのお店だが、私がこれまで食べたもつ焼きの中では一番うまいお店だった。

新宿の「鳥茂」ももつ焼きの名店だが、ち

ょっと方向性が違うので、庶民のもつ焼きという点では吉祥寺のカッパが一番。

ただし、接客は最低。

なのにいつも開店前から行列である。

狭い店内には座れないので、窓の桟《さん》にグラスともつ焼きのお皿を置いて、席が空くのを待ちながら立って飲んでいる。

【大黒屋】

武蔵小金井にある、創業が昭和30年という歴史のある居酒屋。

お店が新しく建て変わったりしたようだが、地元では相変わらずの人気店だそうだ。

これこそまさに居酒屋というお店で、私が通っていた頃はおそらく先代の親父だったと思うが、とても人柄のいい大将だった。

またぜひ行ってみたいお店である。

【千成 本店】

巣鴨にある、煮込みがうまい居酒屋。

東京に来たばかりの頃、よく仕事帰りにこのお店で飲んだ。

とにかくこのお店の煮込みがうまい！

煮込みではこのお店が一番だ。

どうやって作っているのか、ずいぶん研究してみたがわからなかった。友人たちと、千成ツアーと称して煮込みを食べにいったこともある。

生前の妻とも何度も行ったが、普通煮込みを頼むのならふたりでひとつだろう。

しかし、このお店の煮込みは何人で行っても人数分頼むのだ。

シェアなどできない。

自分ひとりで、最後のおつゆまで飲み干したいから。

行きつけのお店

居酒屋ではないが、私の行きつけの飲み屋というと近所のビアバーだ。

【HATOS OUTSIDE】

6年ほど前に近場に開店したのだが、よくぞこんなところに店を作ったなというような場所に店はある。

ポートランドのクラフトビールをメインに、日本各地のクラフトビールが常時5、6種類はオンタップ。

カレーがうまく、午前11時からランチ営業をやっているのだが、これがまずい。

おかげで、午前11時からクラフトビールが飲めるということになる。

ビールだけでなく、ハイボールもジンリッキーも……。

なんてことしてくれるんだ！　これでは、暇な年金生活者は廃人になるしかない。

かくして、私は昼間からこの店に入り浸ることになった。

残りの人生は、廃人スレスレで使いきろう！

ひとりで飲む酒もまた格別

赤ら顔の少年

最初に酒を飲んだ記憶は子どもの頃だ（ココラ）。

よく大人たちが面白がって子どもに酒を飲ませるが、私の記憶の片隅にもそんなことがあったのを覚えている。

うちの家業は土建業だったので、家の中は肉体労働者だらけ。

ガタイがよくて、みんな気のいい陽気な男たちばかりだった。その陽気でろくでもない大人たちが、私に酒を飲ませるのだ。

そうやって、かわいらしいおぼっちゃまはいつの間にか、まだ小学生なのに鼻の頭が赤かった。

憎めないおっさんたちだったが、みんなおそろしく酒が強かった。

そりゃ私だってこうなるわな。

そんな幼少期を過ごした私が自分の意思で初めて飲んだ酒は、瓶ビールだったのを覚えている。

たしか高校1年の夏だっただろう。おいおい……、書いていいのかこんなこと。

あれは、真夏の蒸し暑い夜だった。

とにかく暑くて暑くて、私は喉《のど》が渇《かわ》いてたまらなかったのだ。

今だったらそこらじゅうに自動販売機もあればコンビニだってあるし、たくさんのドリンクを冷たく冷やして待っていてくれる。

しかし私が10代の頃なんて、当然そんなしゃれたものがあるわけがない。うちの冷蔵庫にある飲み物といえば、いつも夏になるとばあちゃんが作ってくれる麦茶だけ。

まあよく冷えた麦茶は格別にうまかったのだが、なぜかその夜は冷蔵庫の麦茶が切れていた。

ばぁ～ちゃん……。

と、その時！

少年の目に何かが見えた。

それは冷蔵庫のドアポケットに、スッポリ入っている茶色の瓶だった。

どう見てもこれは飲み物だ。

しかも麦の文字が見て取れるぞ。

昔の瓶ビールには「麦酒」と書いてあった。

少年の私も、これがビールであることは知っていた。幼少期からろくでもない大人たちから飲まされ、高校生にしてすでに酒の味は知っていたからな。

少年は迷うことなくドアポケットから瓶ビールを取り出すと、瓶のまま一気に飲み干した。

あれが、私が自分の意思で最初に飲んだ酒だった。暑さで干からびた体に、アルコールが染み渡って実にうまいビールだった。

いや、高校生が言う感想？

ひとりで飲む酒もまた格別

あれからどれだけの酒を飲んだことだろう。

私の友人には、酒飲みしかいなかった。

たぶん「類は友を呼ぶ」って言葉はここか

らきてるんだな。

酒のうえでの失敗も、数えきれないほどあった。しかし、もうみ～んな時効だ。

そして酒飲みの女を妻にもらい、それからは飲み友だちは友人から妻に変わった。

妻と暮らした30年間で、夕食にご飯を炊いたことが何度あっただろう。

食卓には、酒のアテしか並んだ記憶がない。

私は、妻が作ったおからが好きだった。

切り昆布の煮物や肉じゃが、油揚げの中に卵を入れて煮たあぶたま……。

みんな美味しかったな～。

私の転勤と転職で引っ越しを繰り返し、そして最後は東京までやってきた。

東京では新しい飲み友だちができて、私が声をかけると50人以上の仲間が集まって飲み会をやることもあった。

この頃の飲み友だちが最強だった。

酒豪なんてもんじゃない。

ザルでもない。

ただの枠だ。

夕方からの飲み会では時間が足りないため、いつもだいたい正午から飲み始める。そして家に帰る頃にはすでに終電もない時間だったから、毎度半日は飲んでいたことになる。

バカか？　しかし楽しかった。

東京という終わりのない街で、みんなで酔っ払ってはしゃいだ日々。

しかし、そんな日々はもう終わった。

飲み仲間が死に、妻も死んだ。

酒飲みの友人はたくさんいたが、もう数人の友だちがいなくなっただけで、酒を飲んではしゃぐ気持ちは失せてしまった。

相変わらず東京はネオンが眩しくて賑やかな街だが、もう私を高揚《こうよう》させるものは何もない。

そして今……、私はひとりで酒を飲む。

外で飲む時は友人がいた。

家で飲む時は妻がいた。

いつも誰かが一緒だった。

ところが、60歳を過ぎて年金暮らしになった今、酒はひとりで飲んでいる。

酒のアテも自分で作らなければならない。

「今日はブリの唐揚げにしよう」

本当に料理がうまくなったと自分でも思う。

話し相手の妻もいない。

バカ笑いしている友人もいない。

なんだか傍目《はため》から見るととても寂しそうな絵面《えづら》だろうが、それがちっとも寂しくなんかない。ひとりで飲む酒もうまいもんだ。

誰にも遠慮することなく、誰にも話を合わせる必要なく、好きなだけ飲んで、酔っ払ったら好きな時に寝る。

最高じゃないか！

あれだけ付き合ってきた友人たち。

一緒に晩酌してきた妻。

もうその思い出でいっぱいなのである。

ありあまる老後の時間をたっぷり使っても、それでもあふれるほどのたくさんの思い出。

そんなことを思い出しながら、ウイスキーを炭酸で割る。

ひとりで飲む酒もまた格別だ。

地元は今日もアメイジング

書を捨てよ、地元へ行こう！

みなさんは、地元のイベントに参加されているだろうか？　私が言う「地元」とは、いわゆる近場ということである。

私は東京の世田谷区に住んでいるので、ここから近場というと、代々木公園や駒沢公園あたりまでだろうか。

ただ世田谷区は広いので、交通の便が悪い多摩川寄りのほうにはあまり行くことがない。

本当に近所だと町内の神社の夏祭りだったりするが、これは年に一回しか行われないので頻繁《ひんぱん》に楽しむというわけにはいかない。

しかし代々木公園や駒沢公園、もう少し近いところだと羽根木公園あたりでは頻繁にいろんなイベントが行われているから、行こうと思えばどこかしらで何かしらのイベントが行われている。

一番多いイベントは、外国の文化交流イベントのようなものだ。

ステージでは、決まってその国の伝統舞踊《ぶよう》や音楽パフォーマンスが行われ、ブースでは雑貨やその国の料理やお酒が楽しめる。

ところが、これが実に面白いのである。

そもそも外国のフェスだからといって、わざわざ外国からパフォーマーや料理人などを連れてくるわけではない。

元々、日本に住んでいるその国の方たちが参加しているのがほとんど。

しょっちゅう開催されているので、予算の関係もあってかだいたい安上がりなイベントになっている。

そのチープさが面白いのである。今週も、どこかで何かのイベントをやっているぞ！

さあ、あなたも部屋で本ばかり読んでいないで、地元で行われているイベントに足を運んでみてはどうだ？

きっとツッコミどころが満載だから。

ワールドクリスマスフェスティバル

すでに8回目らしいが、昨年代々木公園で行われたこのフェスに私も行ってみた。

12月の行事といえば、間違いなく誰もが「クリスマス」と言うだろう。

もしここで12月は有馬記念と答えた人がいたとしたら、一度酒でも飲みながら別のところで話をしよう。

きっと友だちになれる。

さて、昨年行われたワールドクリスマスフェスティバルの話に戻るが、このフェスの何が面白かったかというと、まずワールドと頭についたネーミングだ。

このネーミングで想像するのは、クリスマスは本来キリスト教のお祭りであろうから、ヨーロッパの国々が主に参加して行われているフェスだろうと勝手に私は想像した。

しかし、クリスマスはもはやヨーロッパに限らず世界中のイベントである。

仏教国の日本ですら、クリスマスにはツリーを飾り、ケーキを食べるのだから。

だからワールドと名がついているのは、世

界中の国で行われているクリスマスが、代々木公園に集結したんだな。

と、私は確信していた。

わざわざ世界中から日本に来てくれるんだから、それは見にいかなければ！

みなさんも言われればそう思わないだろうか。

そして会場である代々木公園に足を運んだ。代々木公園は広い。都内でも屈指《くっし》の広さを誇る公園だ。

会場までたどり着くには、公園の入り口からまだ相当な距離がある。

そして徐々に会場に近づくにつれ、何やら音楽が聞こえ出した。

そうそう、これがクリスマスの音楽だな。

ん？　これは笛の音？

はて、クリスマスだと鈴の音じゃないか？

会場に近づくにつれ、音はどんどん大きくなる。こ、これは……。

なんと流れているのは、かの有名な南米ペルーの民族音楽『コンドルは飛んで行く』！

ウソ！

ようやくたどり着いた会場のステージでは、南米の民族衣装を着た男たちが、短い笛とペルーの独特な楽器を鳴らしながらペルー民謡《みんよう》を歌っている。

私は、一瞬会場を間違えたのかと思った。

しかし、ステージの上にはワールドクリスマスフェスティバルの大きな看板が……。

気を取り直してブースのほうを歩いてみると、こちらもやはり南米の雑貨や食べ物がたくさん売られていた。

キッチンカーが何台も並んでいるが、ナンバーを見ると全部千葉ナンバーだ。

なんじゃこりゃ？

まったくワールドワイドな雰囲気はなく、まるで南米フェスと言っていい。

どこかのキッチンカーでビールを買って、またステージのほうへ戻ると、今度は半裸の女性がベリーダンスのような踊りを踊っている最中だった。後ろでは先ほどの男たちが、例の衣装のまま楽器を弾いている。

クリスマス感など微塵《みじん》もない。

むしろ夏？　クリスマスに半裸で踊る人がいるだろうか？

そしてセクシーダンスが終わった。

すると、後ろで楽器を弾いていた男のひとりが、マイクの前でこう言った。

「ミナサンアリガトウゴジェエマス！　ワタシタチハチバカラヤッテキマシタ〜」

日本語しゃべれるんかい‼

しかも千葉かよ！

キッチンカーも千葉ナンバーばかりだったから、これって千葉フェスじゃないか！

クリスマスはどうした？

日韓交流フェスティバル

他にもいろんなフェスに行っているのだが、スペースの関係で特に面白かったものをピックアップしてご紹介させていただいている。

次は、つい最近行った韓国フェスだが、これもやたら面白かった。

前述のワールドクリスマスフェス同様、おやおや？　と思う内容だったからだ。

何がおやおや？　なのかというと、会場だった駒沢公園のステージで鳴り響くのは、例によって韓国の伝統音楽と伝統舞踊だと、私は思い込んでいる。

いい意味で、大きな期待はずれにはだいぶ慣れているとはいえ、この韓国フェスには私も大笑いしてしまった。

何が私のツボだったかというと。

いつものようにビールを飲みながら、しばらく韓国舞踊のステージを眺めていた。

かなりの数の椅子席には、満員の見物客だ。私は立って見ていたのだが、どうも音楽が韓国っぽくないのに気づいてしまった。

指笛が鳴り、合いの手で「いやさっさ〜」の掛け声が入る。

いやさっさ〜？

これはもしかして沖縄のエイサーじゃないのか？　しかし見物客にざわざわした様子はなく、むしろ韓国フェスにはエイサーだろという雰囲気が漂っている。

しまいには沖縄出身のビギンのヒット曲『島人《しまんちゅ》ぬ宝《たから》』まで飛び出したじゃないか！

見物客は拍手喝采《かっさい》である。

この時も一瞬、私が会場を間違えたのかと思ったが、そうではなかった。

元々日韓交流というタイトルのフェスだから、おそらく日本側の代表として沖縄のエイサーが披露されていたのだろうと推測する。

が、しかしそれもあんまり釈然《しゃくぜん》としない。

ただ、こういうなんだかよくわからないことが、地元のイベントではよく起きるということだ。

大型の公園では、うちからもっとも近いところにある羽根木公園。

ここで毎年、梅の時期に行われるのが「せたがや梅まつり」である。

地元イベントの中でも、トップクラスのチープ感。予算がないいんだろうな〜。

まあ主役は梅だから、ステージの踊りとかいらないいんじゃないいだろうか。

このイベントの何が面白かったかというと、もうだいたい話の流れからしておわかりだろうが、この日のステージで踊られていたのはなんと佐渡おけさだった。

「佐渡へ〜♪　佐渡へ〜と〜♪」

もはや世田谷とは何の縁もゆかりもない、佐渡を代表する民謡だ。

きっと世田谷区には、世田谷を代表する歌がないもんだから、こんなことになっちゃったんだと思う。

祭りと名がつくイベントだから、どうしても踊らなければならないんだろうか。

ここでもまた見物客は大人しく、新潟の、それも佐渡の民謡と踊りに手拍子を合わせている。

面白いな〜。

しかも佐渡おけさって盆踊りだぞ！

わかってんのかな？

季節はまだ2月だというのに、まったく無関係の土地の、しかも盆踊りを2月にやる。

アメイジング！

これだから地元イベントはやめられないのだ。さあ、あなたもあなたの地元のイベントへ急げ！

人生に残された
イベントはあとひとつ

人生って意外に長いのよ

若い方の多くは、こう思っているのではないだろうか。

人はあっという間に大人になり、そして歳をとって人生なんてすぐに終わってしまうと。

実は私も若い頃はそんなふうに思っていた。

そう考えるとなんだか焦りも出てくるし、今頑張ったって無駄なんじゃないかとさえ思う時もあった。

ところが！

実際にこの歳まで生きてみると、なんだか人生ってやけに長いなというのが私の感想だ。66歳の私が言うのだから間違いない！

だから焦る必要などまったくないし、生き急ぐのはもったいない話だ。

時には頑張ってみたり、あるいは怠《なま》けてみたりしながら、ゆっくりと一歩ずつ前に進んでいければそれでいいのである。

人はこの世に生まれると同時に、人生のイベントが山のように用意されている。

それをひとつひとつこなしていくだけでも、並大抵の努力じゃできない。

ただ生きているだけで、すでに努力をしているわけだから、もうそれ以上の努力など必要ないだろう。

周りが寄ってたかって、「努力しろ、努力しろ」とうるさいから、この世がだんだんと楽しくなってくる。

この世に生きている限り、用意された人生のイベントをこなすために、人は日夜努力し続けている。

もういいよ。

それくらいで。

あんまり努力すると、お金持ちになってしまうから気をつけよう。

最後のイベント

私がこの世に生まれて程なく、両親は離婚した。私の人生において最初の大きなイベントだった。

人生初のイベントが最悪だった。

そしてその次のイベントは、私を引き取った父親の突然の死。

おいおい、それじゃあシャレにもならんよ。まだ私は幼稚園にも通っていないかわいらしい幼児だったのに、幼児からいきなり孤児じゃねえかよ！

なんとか祖父母が私を救ってくれた。

それからもいろんな辛いイベントを、ことごとくこなしてきた。

小学校に入り、中学校に入り、義務教育を終えたら今度は高校受験。

バンドやったり部活を頑張ったりしながら、なんとか高校を卒業した。

次は大学だ。

私が目指した造形大学の入学試験では、鳥をテーマに自由な発想で絵を描かされた。

実技の試験である。

私の作品は、我ながらよくできたと思った。

私の隣では、男の受験生が必死で何かを描いている。
その子が描いている絵を見て、私はひっくり返った。
なぜなら、まるで小学生が描いた絵かと思うほど幼稚な絵だったからだ。
「こいつは残念だが絶対に落ちたな……」
私は隣の男の絵を見て、そう確信した。
ところが入学式の時に、ど下手くそな絵を描くあの男がいるではないか!!
私はまたひっくり返った。
あの男の絵を見た時よりも驚いた。
その時初めて、この学校のレベルがわかった気がした。
人生のイベントにはこういうサプライズも用意されている。

それからも延々と人生のイベントは続くのだ。
社会人となり今度は仕事での競争が始まり、出世や転職、始末書に懲罰《ちょうばつ》委員会。
もうありとあらゆることを経験した。
妻と出会い、結婚もした。
出産にも立ち会った。
子どもは無事に生まれ、すくすくと育つ。
お宮参りに七五三。
入園式に入学式。
この頃のイベントは、どれも楽しいイベントばかりだった。
娘は大きくなり、すっかり女性らしくなる。
私と妻は、少しずつ老いてシワが増えた。

そして妻は私よりも先に死んでしまった。
私の人生で一番悲しいイベントだった。
娘は結婚し、子どもが生まれた。
ああ、こうやって命はつながっていくのかと初めて実感した。
妻は死んでしまったが、命が絶えることはないのだ。
家族が減り、
また家族が増える。
そして私は66歳になった。
もうたくさんの人生のイベントを経験し尽くした。
私に残っているイベントは、ついにあとひとつだけになった。

なんだろう。
この達成感は……。
超～気持ちいいんだけど。
やっとここまできたか。
あとは最後のイベントを待つだけだ。
そうだ。
私が死ぬことだ。

この星で同じ時代に生きてるじーさんばーさんたちへ

父の自殺

先日、私のYouTubeチャンネルの動画の中で私が話した言葉について、ある方から長文の反論コメントが書かれていた。

この動画の中で私が言った言葉とは、自殺した芸能人に対して、

「自殺するくらいなら俺の妻に命をくれよ」

と言った言葉だ。

それについて、そのコメントを書いた方は

「自殺する人にも理由がある。あなたには自殺する人の気持ちがわからない」と書かれてあった。

なるほどなと思った。

うつ病になって、死ぬ以外の選択肢がなくなることだってあるだろう。

生きる希望がひとつもなければ、生きていられない気持ちにもなるのかもしれない。

しかしね〜。

それでも申し訳ないが、私は自殺を認めようとも、あるいはその気持ちをわかってあげようとも、これっぽっちも思わない。

私の父親も私が3歳くらいの時に自殺したが、おかげで私がどんな苦労をして生きてきたか……。

母親とは離婚したのちの自殺だから、まさ

か3歳で両親ともいなくなるなんて笑っちゃうほど苦しかった。

死んだ親父はいいよ。

苦しみからひとり逃れて死んでしまえば。


しかし、後に残される人のことを考えてみろっつーの。

残された幼い俺、老いた父の両親、古い友人、離婚した母親まで泣いてたぞ。

それで自殺した親父の気持ちもわかってあげようねなんて、ひとりぼっちの幼い私に言えた人はひとりもいなかった。

人生は生きてなんぼ

うつ病で死ぬほど苦しいのは、なんとなくわからないでもない。


しかし、死ぬほど苦しくても私は生きてきた。

おかげで私は66歳の立派なじじいになれた。

この調子ならおそらくもっと長く生きるんだと思う。


でもね。

私の妻は58年しか生きられなかった。

死にたくないって言いながら死んだ妻もまた、無念で苦しかったと思う。

だから、自殺するくらいなら妻に命をくれよって言いたかった。

苦しかったけど生きてみた。

そしたら案外楽しい老後じゃないか。

ここまで生きてみないと、この景色は見られないのだ。

だからみんな生きてみなよ。

いろいろ辛いこともある。

死にたい時もきっとある。

でもね、「雨が降らなければ、虹も出ないんだ」って誰かが言ってた。


これは私の考え方だから、共感しない人もたくさんいると思う。

でも、生きることや死ぬということに、誰か答えを持っているやつがいるのか？　偉そうに言ってる私も、答えなど持っていない。

ただ、おそらくだけど……。


早くに命を落とした人たちが、死んでよかったとは思ってないと思うんだよな。

だけど、苦しい時を乗り越えて長く生きた人たちは、あ〜やっぱ生きててよかったな〜と思っている人が多いと思う。

私も含めて。


だからこの星で、偶然に同じ時代に生きているじーさんやばーさんたちに言いたい。

人生、いろんな辛いこともあっただろう。けど、生きてきてよかったね、と。


そして残りの人生も、もっともっと楽しもうぜ！、と。

第5章

夫婦について

あなたの人生を後悔で埋め尽くさないために

聖者のように伝えたいこと

これは、私から世の夫たちへのメッセージである。

これを読んで、何を偉そうにと思われる方が多いだろう。

しかし、不幸にももしあなたよりも先に奥様が亡くなられたなら、きっとあなたは今日のこのメッセージのことを思い出すはず。

そして、あなたは必ず後悔する。

幸運にも今あなたの奥様がお元気だったら……。幸運にも今あなたの奥様が隣にいてくれたなら……。

私はあなたに言いたい。

ぜひあなたの奥様を大切に大切にしていただいて、お姫様のようにかわいがって、そして愛し続けていただきたい、と。

苦労なんか知らなくていい。

本当のことなど何も知らないまま、人生を全《まっと》うされるまで、やさしく愛のケープで包んであげていてほしい。

ちょっとくらいのわがままなど、許してあげたらいい。

新しい洋服に新しい化粧品、奥様が欲しい

と思ったのなら、少しくらいの無駄使いには目をつぶろう。

料理の味が好みじゃなくても、家事が苦手だったとしても、そんなことはあなたが代わりにやればいい。

仕事で疲れて帰ってきても、奥様の話をちゃんと聞こうじゃないか。

今日一日あったことを、奥様はあなたに話をしたいのだ。

たとえご近所の奥様連中の悪口だったとしても、くだらないテレビドラマの話だったとしても、あなたはニコニコ笑って、ただ聞けばいい。

そんな小さなことで、奥様は笑顔になるんだから。

ふたりの特別な日には小さな花束を、なんでもない日には街のケーキ屋さんで小さなケーキを。

クリスマスと誕生日にはちょっと奮発《ふんぱつ》して、特別なプレゼントと豪華なディナーを。

冬は、イルミネーションが美しい都会の街へ奥様を連れ出そう。

あたたかいコートでも買ってあげたらいい。

春は、新緑がまばゆい箱根あたりの温泉へ行って、貸切露天風呂でもいかがだろうか？

浴衣姿の奥様に惚れ直すかも。

夏には、伊豆のビーチをドライブして、最近話題のカフェで美味しいスイーツをごちそうしてあげよう。

秋は、ふたりでトロッコ列車に乗って、紅葉の美しい山中を走りながら、奥様の写真をたくさん撮ろう。

あなたは、あなたの奥様のためにお金を使ってほしい。

結婚式で、あなたはみんなの前で誓ったはずだ。

一生をかけてあなたは奥様を愛する、と。

一生をかけてあなたは奥様を幸せにする、と。

あなたはその約束をはたすのだ。

そしていつか奥様はあなたにこう言う。

私の人生は楽しかったわ。

あなたのおかげで私は幸せだった。

生まれ変わっても、私はあなたともう一度出会いたい。

もし奥様がそう言って亡くなられたなら、あなたの人生は最高の人生だ。

そして、あなたは人生の意味を知ることになる。

人はなぜ生まれてきたのか。

生きる意味とはなんなのか。

その答えを、すべてあなたの奥様が教えてくれるのだ。

私は聖者のようにあなたに伝えたい。

どうかあなたの奥様を愛してほしい、と。

あなたの人生を、後悔で埋め尽くさないために……。

追記

全部、自分に向けて書いたものだ。
今となっては何もできない自分に向けて。

ひとり飲みには慣れた。
ひとり暮らしにももう慣れた。
しかし、
ひとりで生きていくことにはまだ慣れない。

どうしようもない後悔と虚無感《きょむかん》が、
どうしようもなく襲ってくる。

私はもう妻に何もしてあげられない。
それができるみなさんがうらやましい。

タイムスリップ

人生をやり直すなら……

昨日、Amazon Primeで観た韓国映画が『あなた、そこにいてくれますか』という題名の作品だった。ストーリーについてはあまり書くとネタバレになってしまうので、これ以上書くのは差し控えるが、映画を観ながら思ったことがある。

自分がもしタイムスリップして過去に戻れたなら、過去を変えたいだろうか？

もう一度人生をやり直す？

みなさんがもし、タイムスリップできるとしたらどう思われるだろうか。

おそらく、何かしらやり直したいことのひとつやふたつは、誰にでもあるのではと思う。私もある。人生をやり直すというほどでもないが……。

そのひとつは過去に戻って、私を育ててくれた祖父と祖母にお礼を言いたい。

何ひとつ恩返しもできずに亡くなってしまったから、それが今でもたいへん心残りである。

高校を卒業した年の夏休みに、田舎の島にある一番大きなホテルでアルバイトをしていた。

海に突き出た半島の鋒《ほこさき》にあるホテルだったのでロケーションが素晴らしく、その一番見晴らしがいい場所にビアガーデンがあった。

そのビアガーデンは夏の間だけオープンし

ていて、ドイツビールとフランクフルトが推しのメニューで人気だった！　そこで私は、ひと夏だけのアルバイトをしていたのだ。

そのビアガーデンでは、なぜか昔ながらの剣劇《けんげき》のようなお芝居をやっていた。

とてもドイツビールとフランクフルトには似合わないお芝居だ。

なぜドイツの民族音楽とかやらないのか不思議だったが、所詮《しょせん》天草という田舎である。きっと「国定忠治《くにさだちゅうじ》」のほうがウケるとでも思ったのだろう。

しかしその国定忠治の剣劇は祖父と祖母が喜びそうなお芝居だったので、アルバイトの最終日に祖父と祖母をビアガーデンに招待し剣劇を観せてあげた。

案の定、ふたりはとても喜んでくれた。

しかも、「なぜ国定忠治にドイツビールなのか？」という至極当然な質問までしてくれた。祖父でもそう思うのだから、これをもしドイツ人が見たら、ひっくり返るだろうと思った。

しかし天草の海に沈む夕日を見ながらビールを飲み、そして違和感はありながらも楽しいお芝居を観劇するのは、田舎ではとても贅沢に思えた。

ビアガーデンからの帰りしな、いつの間にか私よりもずいぶんと小さくなってしまった祖父と祖母は、私に腰が折れるほどお辞儀《じぎ》をしてお礼を言ってくれた。

今日は本当に楽しかったと言ってくれたのに、私は思わぬ謝辞に照れてしまい、何も言えなかった。

私こそなぜその時に「これまで育ててくれてありがとう」と言えなかったのか……。「もっと長生きしてください」と言えなかったのか……、後から本当に後悔した。

もし私がタイプスリップできるなら……。あの日に戻って祖父と祖母に、私の腰が折れるほどお辞儀をして感謝を伝えたい。「本当にありがとうございました」と。

生前の妻に伝えたいこと

もしタイムスリップできるなら、ふたつめは、亡くなった妻にどうしても伝えたいことがある。

妻はお酒とタバコがよく似合う女性だった。私も若い頃はタバコを吸っていたが、健康を考えてずいぶん前にやめていた。

しかし、妻は私の健康には気を遣ってくれていたが、自分のこととなるとまったく無頓《むとん》着《ちゃく》とは言わないが、二の次という感じだった。タバコも吸い続けていたので、私は「タバコはやめたほうがいいよ」と言ってはいたが、妻には好きなように生きてほしかったので、あまり強く言うことはなかった。

しかし、今思えば心臓を悪くしたのは、やはりタバコも原因のひとつではと思っている。だからもしタイムスリップできるものなら、せめて20年くらい前に戻って、私と一緒にタバコをやめようと強く説得したい。

ふたりで健康的な人生をやり直すのだ。そして、妻にもう少し自分の健康にも気を遣うように言いたい。

私の食事はバランスを考えて作ってくれる

のに、自分は朝からコーヒーとタバコだけですませるというのが日課だったから。

20年くらい生活習慣を変えれば、もしかするともっと長生きできたのではと思う。

そのためには、過去へ戻って妻との人生をやり直すのだ。

もっと健康的に。

もっと長生きできるように。

映画を観ながら、本当にそう思った。

人生をやり直すというのは無意味なことか。

映画はハッピーエンドで終わった。

でもふと思った。どう生きてもどう人生をやり直すとしても、結局楽しかったふたりの思い出は必ず残ると。

妻がもしタバコをやめたとしても、他の病気を患《わずら》うかもしれない。タバコをやめるストレスもあるだろう。仮にそのように人生をやり直すとしても、いずれにしろふたりで楽しい人生を歩くだろうことに違いない。

そして、今と同じようにたくさんの思い出が残り、満ち足りた人生であったことに感謝するのだ。

どちらが先に死んだとしても……。

どの道を生きてもいずれはふたりとも死ぬ。

その時に「楽しい人生だった」と言って死ねれば、人生をやり直すことなど無意味なことのように思えた。

映画は物語のラストで、ハッピーエンドで終わる。しかし、人生のラストシーンは死ぬ時だ。

その時がハッピーエンドであれば、何も悔いはない。

贈り物

今でも手元にある大切なもの

贈り物をもらう機会はたくさんある。

一番わかりやすいのは自分の誕生日、その他にクリスマスやバレンタインデー、入学や卒業、引っ越しなどなど。

私もこれまでたくさんの贈り物をもらう機会があった。

その中でも、記憶に残っている贈り物がいくつかある。

東京の会社にスカウトされた時に、お祝いでもらったイタリア製の皮のバッグ。

私が大好きだった「LIN-KU（リンク）」というメンズブランドのバッグだ。

イタリア製の革なので、色が鮮やかでとてもおしゃれなバッグだった。

その革の色は黄色と黒。

もらってからもう15年以上も経つが、まだまだ十分使える。

「LIN-KU」ブランドは、他にも名刺入れと財布も一緒にもらったので、総額で15万くらいしたのではないかと思う。

あとティファニーっぽく、ふたつのリングがクロスしているように見えるプラチナのリングももらったことがある。

私の誕生日プレゼントだった。

プラチナを男がつけていても、シルバーリングにしか見えない。

イエローゴールドのように嫌味な主張がな

いから、本当は高級なジュエリーなのにあえてシルバーに見えるという、そのチョイスに頭が下がる。

そのリングは、ジュエリーデザインの職人さんに手作りしてもらったものらしい。

誕生日といえばよくもらったのが、私の大好きな芋焼酎「森伊蔵《もりいぞう》」だ。

今でも相変わらずのプレミア価格だが、もっともこの焼酎がブームだった頃はとんでもない価格だった。

個人的には、この贈り物が一番嬉しかった。

私はファッションが好きだったので、洋服や靴などもたくさんもらった。

今でも手元にあるが、イギリスのブランドの「KATHERINE HAMNETT（キャサリンハムネット）」の革靴とマフラー。

このブランドは細身なので、今の私が着れる服はないが、当時はまだ私も今よりは細かった。

人生という贈り物

もらったのは物ばかりではない。

「人の道を教わる」という贈り物もたくさんもらった。

親の愛情を知らずに育った私は、自分を産んでくれた親に感謝し愛することを教わった。

他にも、友人を大切にすること。

一度でも縁があった方には礼を尽くすこと。

間違ったことには、自分が前に出て声をあげること。

動物を愛すること。

思い出は財産であること。

などなど。


人として生きるうえで大切なことを、たくさん教えてもらった。

これも大事な贈り物だ。

1万回近くの手作り弁当。

数えきれないほど食べた、毎日の美味しいご飯。

私の服を洗濯し、私の布団をベランダに干し、毎日掃除機をかけ、お風呂を沸かし、私が仕事から帰ったら、毎日気持ちよく過ごせるように気遣ってくれていた。


そうだ。

ここまで書いたことはすべて生前の妻からもらった贈り物なのだ。

そして一番大きな妻からの贈り物は、娘だった。かけがえのない命という贈り物は新たな命へとつながり、遠すぎてよく見えない未来まで続くのだろう。

私は、どれだけ多くのものを妻からもらったのだろう。

しかしもう……、
私がお返しできることは何ひとつない。
今までたくさんの贈り物をありがとう。
そして遠い道のりを一緒に歩いてくれて、本当にありがとう。
ここから先は、ひとりで歩くよ。

いつか天国で再会した時のために

情けない男

7年前の夏は、強烈な喪失感と妻を助けられなかったという後悔とで、身も心もボロボロになっていた。

男のくせにいつまでもメソメソ泣いて、酒に逃げて、毎日二日酔いで会社に行く日々。

今、こうしている間も世界では数秒ごとに人が死に、きっと私のすぐ近くにいる人たちにも死は訪れていて、でも周りの人たちが私のようにメソメソ泣いているのを見たことがない。

自分だけが弱く、惨《みじ》めで、いつまでも悲しみに明け暮れている。

妻の死とともに、自分の愚《おろ》かさや小ささを否応なく実感させられて、打ちのめされた。

悲しみの渦《うず》の中から這《は》い出せず同じところをグルグル回るだけ回って、ようやくたどり着いたところはまた悲しみの崖っぷち。

つくづく男は、妻に先立たれると情けないと思った。

男は弱いな〜。

そんな時に、やはり私同様にご主人を亡くされ、女手ひとつで子どもふたりを育てておられる女性と出会った。

その方からこんなことを言われた。

「いつまでも泣いているのは自分だけで、奥様は病気の苦しみから解放されて、あの世でニコニコ笑ってますよ」


そうなのだ。

自分で自分を悲しみのどん底に突き落として、這い上がれずにもがいているだけ。

毎日をただ泣いて過ごすのは、せっかく自分は生きているのに、無駄な日々を過ごすことになる。

妻は、生きたくても生きることができなかった。

だったら前を向こう!

前を向いて一歩足を踏み出そう!

本当にその女性の言葉に救われた思いだった。


あれからおひとりさまにもだいぶ慣れた。

ひとりで映画も観にいけるようになった。

ひとりでスーパーで買い物をして、ひとりで料理をして、ひとりで食べる。

ひとりでテレビを見て笑って。

ひとりで寝る。


たくさんの人たちに励まされ、時には誰かと一緒に涙し、酒を飲み、思い出を語るうちに、だんだんと生きる気力がわいてきた。

見たくもなかった妻の写真や服を整理してやろうと思った。

妻が、人生のほとんどを過ごしたキッチンにも立ってみた。

よ〜し！

俺も料理でもしてみるか！

そんな気持ちまでわいてきた。

おひとりさまを楽しむ

人間は、何かを手に入れると、代わりに何かを失う。私は妻を失ったが、そのおかげで人生の意味を知った。


人はなぜ生きるのか……。人間の永遠のテーマだが、私はそれがわかってしまった。

しかし、それは妻を失うことでしかわからなかったと思う。

毎朝、妻の遺影に手を合わせる時に、生前に伝えられなかった感謝の気持ちを声に出して言うことにしている。

その行為だけが妻への供養《くよう》のような気がして、私はできるだけ長生きして、できるだけたくさんの感謝の言葉を声にして伝えたい。

手を合わせている間は、過去のいろんなことが思い出されて、とても楽しい時間となっている。

今のひとり暮らしも、自由な時間も楽しもう。たくさんの思い出とともに。

朝の通勤電車もタイムカードも、もう何もないのだ。あるのは、ひとりでは使いきれないほどの時間だけ。

そして、いつか妻に伝えたい。

私が天国に行って妻と再会した時に、ひとりの暮らしもなかなか楽しかったよ、と。

きっと妻は、それをニコニコ笑いながら聞くことだろう。

おわりに

思えばひどい妻だった

長い老後をひとりで生きろと言うの？

思い出が美しいのは、きっと自分に都合のいいことしか覚えていないからだろう。

死んでしまった人の嫌なところまで記憶しておく必要はないからな。

脳のメモリにも容量がある。

そのメモリから繰り返し思い出されることは、大抵美しい思い出ばかりだ。

読み込まれない嫌な記憶はメモリからどんどん消滅していき、しまいには美しい思い出だけに占領《せんりょう》されてしまうのだろう。

しかし、ホコリをかぶった記憶からよくよく思い出してみると、妻との美しい思い出の隙間から嫌な思い出が少しずつ蘇《よみがえ》ってくる。

思えば、死んだ妻もひどい妻だった。

あんなに私が「納豆は好きじゃない」と言い続けたのに、毎朝わざとのように納豆ばかり出してきた妻。

生野菜もあまり好きじゃなかったのに、夕食には必ず大盛りのサラダが並ぶ。

嫌がらせだったのか⁉

食べることばかりじゃない。

妻が引き受けたＰＴＡの役員も、結局自分の仕事が忙しいからと、私にばかり行かせていた。

おかげで、私のビーズの小物作りの腕はプ

ロ並みだ。

朝から缶ビールを飲んで昼寝して、午後は毎日ジム通い。

ズンバの女王とか言われてちやほやされて、ジム友とは飲み歩いてばかり。

飲みに行った日は必ず朝帰り。

いつも「朝刊より先に帰るから」と言い残して飲みにいっていた。

主婦の門限が、朝の新聞配達の時間ってお かしいやろ！

まだまだある。

どんどん記憶が蘇ってきた。

私がテレビを見ていて、「宮沢りえってかわいいな～」とつぶやいただけで、キッチンからコーヒーカップが飛んできたこともある。

さらに、私がこれまで妻にあげた3つの指輪を、こっそりリフォームして豪華なひとつの指輪にしていたのも、私はちゃんと知っている。

どれも記念日にプレゼントしたものなのに……。

3つあった思い出までひとつになってしまったじゃないか。

私が嫌だと言うことを、わざとやる本当にひどい妻だった。

おかげで、私は納豆が好きになってよく食べるようになった。

いつもお腹の調子が悪かったのに、納豆のおかげで今は調子がいい。

いつの間にか生野菜も好きになり、サラダがないと物足りなくなっていた。

今ではサラダを主食のように食べている。

ＰＴＡの役員会にいつも出席したおかげで、私は学校から感謝状までもらってしまった。

娘からも「ありがとう」って言われて嬉しかった。


私の体のことばかり気を遣って、いつも自分のことは後回し。

だから、妻の心臓が悪くなっていることにも私は気づけなかった。

毎日毎日バランスのとれた食事にお弁当。

本当に美味しかった。

おかげで私も料理が好きになった。

ひとり暮らしになっても料理ができるようになったおかげで、何も困ることはない。

でも妻は、朝はコーヒー一杯と缶ビール。

本当にろくなものは食べてなかったよね。


私がアレルギーだからと毎日掃除機をかけて、どこもかしこもピカピカだった。

腱鞘炎で手を使わないようにと医者から言われていても、ワイシャツもハンカチもクリーニングに出さずに、自分で必ずアイロンをかけてくれていた。

私が過ごしやすいように。

私が美味しいと食べてくれるように。

私が健康でいられるように。


私、私、私……。

いっつも私のことばかり。

そして、自分のことはいつも二の次。

本当にひどい妻だった。

おかげで、私だけが今も元気で生きている。

妻にはもっと自分の健康にも気を遣ってほしかった。

今言ってもしょうがないことだが……。


私だけを健康優良児のように育て上げて、自分はこの世からとっととといなくなってしまう。

私はこの健康ボディを持て余しながら、長い老後をひとりで生きていかねばならないのか。

本当にひどい妻だ。

そして……、
ありがとう。

ぺこりーの

1957年生まれ、熊本県天草出身。
長いサラリーマン生活を経て、60歳でフリーのコンサルタントとなる。
現在は、東京で愛犬とふたり暮らし。
好きな言葉は「人生とは今日1日のことである」。

YouTube「年金一人暮らしのぺこりーの」
https://www.youtube.com/@peco

妻《つま》より長生《ながい》きしてしまいました。
金《かね》はないが暇《ひま》はある、老人《ろうじん》ひとり愉快《ゆかい》に暮《く》らす

2024年5月20日　第1刷発行

著者　ぺこりーの
発行者　佐藤 靖
発行所　大和《だいわ》書房
東京都文京区関口1-33-4　電話 03(3203)4511

ブックデザイン　宮下ヨシヲ(SIPHON GRAPHICA)
撮影　片桐圭(Lingua franca)
校正　二タ村発生(メイ)
編集　滝澤和恵(大和書房)

本文印刷　光邦
カバー印刷　歩プロセス
製本　小泉製本

ISBN978-4-479-78605-4
乱丁本・落丁本はお取り替えいたします
https://www.daiwashobo.co.jp